W0272628

Kendji Girac

avec la collaboration de Pauline Faure

Mi vida

Flammarion

© Éditions Flammarion, Paris, 2025.
ISBN : 978-2-0804-8925-8

Je te tiens pour la première fois dans mes bras. Dehors, la vie est partout, le printemps est beau à voir.

Le soleil entre par la fenêtre. Ta mère se repose et ta sœur arrivera bientôt pour te rencontrer.

Tu es blotti contre moi. Ta joue couvre ma cicatrice, je sens ton souffle sur ma peau.

Je serre ta main minuscule dans la mienne, et je fonds en larmes.

Il y a un an à peine, là où je te serre contre mon cœur, une balle a traversé mon corps.

Par ma faute, petit, j'aurais pu ne jamais te connaître.

Le Diable a voulu me prendre, mais Dieu a permis que non…

Mon fils, bienvenue dans ta famille. Je suis si fier d'être ton père.

T'estimi, je t'aime.

Chapitre 1

L'école

J'ai six ans. Ma mère me tient la main. Elle serre plus fort que d'habitude. Je suis impatient parce que mes cousins m'ont dit qu'il y avait des jeux et qu'on restait longtemps dans la cour. On arrive devant la porte. Elle est immense. Moi, je ne suis qu'un tout-petit.

Je serre à mon tour les doigts de la mamà. Je ne suis plus très sûr de vouloir y aller. C'est la première fois que je vais être séparé d'elle. Depuis ma naissance, je ne l'ai jamais quittée. C'est aussi la première fois que je vais jouer avec d'autres enfants que ceux de ma famille et des caravanes. Des *gadje*.

Il est temps de lâcher sa main. Une dame nous rassemble dans l'entrée et nous emmène dans un couloir. Je pleure, je sens la peur dans mon ventre. Et l'excitation, aussi. Je vois le visage de ma mère qui me surveille depuis la rue, derrière la fenêtre. Ça me rassure. Elle aussi doit avoir le cœur triste, mais elle ne le montre pas. Les mères gitanes sont très dignes. La mienne plus que toutes les autres ! Je crois qu'elle est restée là un long moment. À m'observer, le temps que je sèche mes joues. Ensuite, elle a vu que je commençais à parler avec d'autres enfants. Mon sourire lui montre que je suis prêt à partir. Je lui ai tourné le dos sans vraiment lui dire au revoir. De toute façon, on ne dit jamais « au revoir » entre gitans, seulement « à bientôt ».

J'ai six ans, c'est mon premier jour d'école.

Je n'ai pas été à l'école maternelle. Il était impossible pour la mamà de laisser son fils si petit loin d'elle. Mais je me souviens bien de mon arrivée au CP, à l'école primaire de Saint-Astier, là où on habite, près de Périgueux. Pour moi, la rentrée des classes se fait au début du mois d'octobre. Quand la fin de l'été sonne aussi la fin du voyage. C'est un moment toujours triste pour les gitans. On gare les caravanes, on déballe les affaires, on s'installe pour l'automne et le début de l'hiver.

J'arrive dans une classe déjà faite, avec des bandes de copains déjà organisées. En CP et CE1, je suis le seul gitan de ma classe, mais je ne sens pas de différence avec les autres. On joue tous ensemble dans la cour, on fait les mêmes blagues, on regarde les mêmes dessins animés, j'ai facilement des amis. Ça reste des copains d'école. Je veux dire par là que je ne les vois jamais en dehors. Je ne vais pas au parc, je ne vais pas jouer chez eux ni eux chez moi. Et je ne reste pas non plus pour le goûter. Le mercredi et le week-end, je joue sur mon terrain ou sur celui de mes cousins. Je ne suis pas invité aux anniversaires, ni aux pique-niques. Peut-être parce que la mamà ne parle pas trop avec les autres parents. Ou bien parce qu'elle ne me donne pas les invitations. Ma mère est très protectrice. Comme toutes les mères, bien sûr, mais plusieurs crans au-dessus ! La mienne ne veut pas que je fasse de sorties scolaires. Chaque fois qu'il y a un car à prendre ou un voyage à faire, une classe verte par exemple, elle redoute les accidents, que je tombe malade loin d'elle, alors elle refuse. Les seules sorties qu'elle a autorisées, entre le CP et le CM2, c'est pour aller au cinéma. Je me souviens que la toute première fois que j'ai vu un film sur un grand écran, c'était avec ma classe. J'étais fou de joie et très impressionné. C'était en CE1, pour voir *Atlantis*.

À l'école de Saint-Astier, il y a aussi mon cousin Bryan. Je suis triste de ne pas être dans la même classe que lui quand j'arrive au CP. Ça m'aurait fait un repère, on joue tout le temps ensemble, c'est mon cousin le plus proche, on a le même âge. On est inséparables aujourd'hui encore. Cette année-là, à six ans, on tombe amoureux de la même fille, une *gadji*. Elle a des cheveux longs, châtains et de grands yeux bleus. Elle s'appelle Laura, elle est très belle. Finalement, j'ai de la chance, elle est dans ma classe, pas dans celle du Bryan. C'est la première fois que je ressens ça. Je pense à elle le matin quand j'arrive, et le soir quand je rentre chez moi. Elle travaille très bien à l'école, ça m'intimide. Je la regarde de loin, discrètement, j'essaie de me rapprocher d'elle dans la cour. Je tente d'attirer son attention comme je peux, en jouant aux billes, aux Pog's, en courant vite, je suis prêt à tout pour devenir son copain. J'ai même mangé plusieurs fois de la colle pour l'impressionner ! Ça finit par payer : après plusieurs semaines, Laura et moi, on joue ensemble à la récré. En réalité, c'est ma première amoureuse, mais je ne veux pas le dire. Seulement, les jours passent, et mon cousin Bryan commence à m'en parler aussi. Il répète « *¡ qué guapa !* », « qu'elle est jolie ! », il nous rejoint chaque fois dans la cour. J'en viens même à préférer la classe plutôt que la récréation pour rester avec la Laura sans lui !

Un jour, elle me dit qu'elle est d'accord pour me faire un bisou. Je n'en reviens pas. Un vrai, sur la bouche. Comme les grands. C'est mon tout premier ! Je m'en souviens encore, comme si c'était hier. Elle avait les lèvres douces. Je lui dis tout de suite qu'on va se marier. Pour moi, un bisou, ça voulait dire qu'on était en couple, comme mes parents. Mais quelques semaines après ce seul baiser entre nous, Laura a finalement préféré… mon cousin Bryan. Ça m'a fendu le cœur. Je crois que je ne lui en ai même pas voulu. Ni à lui ni à elle. Enfin si, à elle, un peu. À mon cousin, je ne pouvais pas. On n'en veut pas à sa famille, la famille passe avant tout.

Dans la cour, quand je n'essaie pas d'attirer l'attention de Laura ou des autres filles, je passe du temps à chercher de l'argile. Dans mon souvenir, la cour est immense, et, sur un côté, on trouve une petite butte avec une aire de jeux. Il y a un toboggan, des cordes pour grimper dessus. J'ai repéré dès le premier jour que la terre à cet endroit est un peu grise, une sorte d'argile, parfaite pour modeler des sculptures. Je fais des petits animaux, j'aime bien créer des formes et travailler la matière dans ma main. À la maison, je n'ai pas de pâte à modeler, je fais ça avec la terre du terrain. Je prépare surtout des boules pour mes lance-pierres. Je fais sécher les boules entre deux récréations, puis je les range dans mes poches juste au moment de partir. Dès que j'arrive chez moi, je peux passer des heures à viser des objets avec mes lance-pierres, dehors, devant la maison. C'est ma mère qui m'a appris à les fabriquer. J'en ai de plusieurs tailles différentes, j'essaie de voir celui qui vise le mieux ou qui tire le plus loin. J'avoue que j'ai parfois tiré sur des oiseaux aussi, heureusement qu'ils s'envolaient vite et que je ne visais pas toujours bien.

En CP, ma maîtresse s'appelle madame Quincke. Je ne suis pas sûr de savoir écrire son nom. Si elle lit ces lignes un jour, j'espère qu'elle me le pardonnera ! La première fois que j'entre dans la classe, je me sens bien parce que les murs sont pleins de couleurs et décorés avec des dessins. Je suis content d'être là. Sur la droite, au fond, il y a quelques marches qui mènent à une petite pièce en hauteur, couverte de moquette et de livres. Ça devient vite mon endroit préféré. C'est le coin calme, il y a des jeux de construction en bois et en Lego. À cet âge, j'essaie d'être aussi manuel que mon père et que mon grand frère Jessie, alors je passe des heures assis sur la moquette, à essayer de construire des choses avec mes mains. On peut aussi prendre des livres et les rapporter à la maison. Je préfère ceux qui ont des images d'animaux et de dinosaures. J'en embarque souvent, parce qu'il n'y a pas de livres chez moi et que j'aime bien les regarder. La mamà ne me raconte pas d'histoire, le soir, pour m'endormir, ni le mercredi après-midi quand il pleut. Elle me dit rarement « *t'estimi* », « je t'aime ». Son amour pour moi passe plutôt dans ses gestes. Elle m'apprend la vie en me montrant les choses, elle m'emmène partout avec elle, mais elle n'a pas accès aux mots des autres. Ma mère ne sait pas lire.

À gauche, dans la classe, il y a le grand tableau noir, avec des lettres et des chiffres tout autour. Et, face à lui, des tables rondes et des petites chaises en métal bleu. C'est là qu'on passe le plus de temps en journée. Mais je me souviens surtout des sorties, parce que je préférais être dehors. Un jour, on devait faire une expo sur les chenilles. Les deux maîtresses de CP nous emmènent en forêt, on doit trouver les plus belles feuilles et les plus belles chenilles pour les montrer devant la classe. Je tombe sur une chenille magnifique, grosse, avec beaucoup de couleurs. Les autres ne trouvent rien ou n'osent pas les ramasser. Je sais que je vais impressionner tout le monde avec la mienne et que la maîtresse sera fière de moi. Mais le temps de trouver ma petite boîte pour faire entrer la chenille dedans, mon cousin Bryan fait comme avec la belle Laura, il la *tchorav* sous mes yeux !

Madame Quincke est gentille, bienveillante. Elle a une voix un peu aiguë, je crois, mais quand je pense à elle aujourd'hui, debout devant son tableau noir, son visage disparaît. Je ne pourrais pas la décrire. Tous les matins, je suis content de la retrouver. J'aime apprendre, je suis curieux et appliqué, moins agité qu'à la maison. Je me souviens de la fierté que je ressens quand je rentre chez moi avec mes premiers devoirs à faire, glissés dans mon cartable. Je me souviens surtout de la fierté, le lendemain, de montrer à madame Quincke que j'ai réussi à les faire tout seul. Les mois et les années d'après, j'ai continué de faire mes devoirs sans l'aide de personne. On ne m'aidait pas à la *casa*, on ne m'a jamais fait réciter une leçon, ni fait remplir un cahier d'écriture. D'ailleurs, je ne montrais rien à mes parents, je ne cherchais pas de reconnaissance de leur part, seulement auprès de ma maîtresse. Je crois que très petit, je sentais que l'école, ça ne les intéressait pas vraiment. La mamà m'y emmenait chaque matin et venait me chercher chaque après-midi. Elle me demandait si j'avais été sage et ce que je voulais pour le goûter, mais elle n'a jamais dit « Alors, fils, t'as fait quoi aujourd'hui ? » Mon père non plus. L'école, ça n'est pas ce qui comptait pour eux, ce n'était pas l'essentiel. Avec le recul, je pense qu'ils m'ont inscrit parce que les cousins y étaient. Peut-être aussi pour soulager un peu ma mère en journée, je ne sais pas. En tout cas, leurs attentes sur ma scolarité, je ne les ai jamais ressenties.

Il faut dire que dans la vie des gens du voyage, l'école tient une place à part. Je l'ai compris des années plus tard, en devenant connu, en fréquentant des gens qui avaient des diplômes et fait des études.

Mais je l'ai surtout compris en devenant père à mon tour. Aujourd'hui, dans ma vie, je demande tous les jours à ma fille ce qu'elle a fait en classe. Elle a cinq ans. Presque l'âge que j'avais quand j'ai mis un pied à l'école pour la première fois. Je vois toute la place que ça prend, pour elle, pour sa mère, et pour moi. Ses copains, ses copines, la maîtresse, les comptines, les histoires qu'on raconte et les jeux dans la cour. Certaines familles gitanes ne font pas ce choix. Parce qu'elles ne voient pas la scolarité comme une chose nécessaire. Pour nous, de tradition nomade, la vie est à vivre, elle ne s'apprend pas dans les manuels ou assis derrière une table. Je pense que c'est vrai, mais que l'un n'empêche pas l'autre. Aujourd'hui encore, j'explique à mes grandes sœurs pourquoi elles doivent envoyer leurs enfants à l'école. Savoir lire, c'est un autre voyage. Un voyage qui m'a manqué. J'ai longtemps porté cette gêne avec moi, celle de devoir parler en public, d'avoir peur de faire des fautes, de ne pas savoir bien répondre aux questions des journalistes. Je la porte encore aujourd'hui. Malgré les efforts, la notoriété et les années, *quina lache*, la honte, ça laisse toujours des traces.

Voilà pourquoi ce livre est si important pour moi. Je n'écris pas tout seul, bien sûr, je ne me prends pas pour un écrivain. Écrire un livre est un métier et ça n'est pas le mien. Mais le plaisir pour moi est immense de réussir à mettre enfin des mots sur mon histoire, de pouvoir partager la liberté du voyage sur les routes et la force de ma rencontre avec le public. Dans ces pages, je veux être fier de là d'où je viens, de ma famille, de mes racines et de mes valeurs. Mais je veux aussi montrer le chemin parcouru, les doutes que j'ai dépassés, le français que j'ai mieux appris. Si on m'avait dit, il y a dix ans, que je pourrais un jour le faire, écrire et raconter, je n'y aurais pas cru.

La mamà ne pourra jamais lire ces lignes. Elle dit qu'à son âge il est trop tard pour apprendre, alors je me suis fait une promesse : moi, son fils, je les lirai pour elle.

Chapitre 2

La casa de Saint-Astier

Je suis né le 3 juillet 1996 à Périgueux. Les sept premières années de ma vie, j'ai grandi dans la petite ville d'à côté, à Saint-Astier. D'octobre à janvier, on vivait en maison. Là, je dormais dans ma chambre. Enfin, c'était aussi la chambre de mes frères et sœurs. Il y avait trois couchettes et un grand lit, qu'on partageait, le Jessie et moi. Tout était de plain-pied, avec une terrasse en carrelage autour de la *casa* et un terrain derrière qui conduisait à la forêt. À l'entrée, de chaque côté du porche, il y avait deux grosses statues de lion que j'adorais. C'était très imposant, je trouvais ça classe ! Quand je revois des photos, elles ne sont pourtant pas si grandes que ça ; aujourd'hui, tout paraît plus petit que dans mes souvenirs d'enfant. Le temps change souvent les perspectives.

Dans le salon, c'était du carrelage blanc, avec une grande table au milieu, et sur les murs, du papier peint, couleur blanc cassé. Il y avait peu de décoration. Ma mère préférait que tout reste bien ordonné. Les gitans aiment que les choses soient propres, parfaitement rangées. C'est une habitude qu'on a pour tenir l'intérieur des caravanes et qu'on garde quand on est en maison. On vit la plupart du temps dans des lieux petits ; tout doit être à sa place, sinon le bazar mange l'espace. Et puis, on restait sédentaires seulement quatre ou cinq mois. Jamais plus. Donc contrairement aux familles des *gadje* ou aux gitans installés, on ne remplissait pas chaque pièce avec les souvenirs, les objets, tout ce qui s'accumule jour après jour. Dans le salon, il y avait une grande armoire avec une vitrine que la mamà astiquait régulièrement. Je me faisais engueuler si elle y voyait des traces de doigts. Dedans, des bibelots, quelques décorations dorées, mais surtout une collection de bouteilles de parfum Chanel : des petites, des moyennes, des grosses. Les formes des bouteilles et la couleur des parfums, surtout, me fascinaient. Je rêvais de les boire ! C'était la vitrine défendue, j'avais interdiction de l'ouvrir.

Sur les murs, mes parents avaient accroché des photos de mes trois sœurs et de mon frère, et une autre de moi, avec une chaîne en or autour du cou, les mains dans les poches. Je porte un tricot noir et orange, je dois avoir quatre ans là-dessus. Mais ça se voit que je suis fier de poser comme un grand. Mes sœurs adoraient m'habiller, me faire beau et me prendre en photo. L'aînée surtout, la Laetitia. J'étais un peu sa poupée. C'est elle qui passait le plus de temps à m'apprêter et à m'applaudir pour que je chante et que je danse. La deuxième, Sophie, mon père l'appelait « démon de minuit » parce qu'elle s'endormait tard. Elle aimait nous faire des farces, se cacher et nous faire peur le soir. Ça nous faisait sursauter et aussi beaucoup rire. On entendait ensuite le padre hurler derrière la porte « *Ques ka fa* la Sophie ! Au lit, le démon de minuit ! Et attention si je me relève ! » La troisième, Katia, était ma sparring-partner. On se chicanait souvent, parfois jusqu'à en venir aux mains. Si jamais je marchais là où la Katia venait de nettoyer le sol, ça la mettait hors d'elle ! Elle me poursuivait avec la serpillière à la main et moi je me retournais pour lui tirer les cheveux. Comme j'étais plus petit et qu'elle avait les cheveux longs, je n'avais pas de mal à lui attraper.

J'adorais mes grandes sœurs, leur énergie, leurs chorégraphies. Laetitia chantait fort dans le salon en tenant la télécommande comme un micro. Elle mettait la musique à la télé, c'était l'époque de Tragédie et de la chanteuse Anastacia, au début des années 2000. J'étais fan du groupe Tragédie, je dansais sur tous leurs clips. Mon grand frère Jessie était plus discret, un peu plus réservé, il préférait rester en retrait. On est les plus proches en âge, mais très différents de nature. Je le trouvais plus attentif et plus intelligent, il arrivait à construire et à fabriquer des objets en quelques minutes. Ça m'impressionnait beaucoup. C'est sans doute pour l'imiter que je passais du temps à essayer d'être manuel, moi aussi. Sauf que lui, il était calme et patient, beaucoup plus que moi. La patience, ça n'a jamais été mon truc. Je préférais danser, courir, être au centre de l'attention, j'aimais qu'on me regarde et qu'on m'applaudisse. Mais seulement en famille. Ou plutôt, seulement chez moi. Devant les gens, dehors, sur les autres terrains ou dans les autres maisons, je pouvais être très timide et ne même pas oser parler. Par exemple, quand ma mère devait partir à Périgueux, dans la grande ville, pour faire des papiers et qu'elle nous laissait quelques heures mon frère, mes sœurs et moi, elle prévenait mes tantes de nous accueillir pour manger le midi. Comme j'étais le plus petit, elle m'expliquait bien le matin : « Tout à l'heure, mon Kendji, tu vas manger chez la tata. Tu manges bien, fils, tu es sage. » Mais nous, avec Jessie, Laetitia, Katia et Sophie, on préférait rester à la maison. On s'enfermait, on ne mangeait chez personne, on vidait tous les gâteaux de la cuisine ! Et la mamà nous grondait au retour.

J'ai toujours été gêné d'aller chez les autres, même si c'était la famille, surtout pour les repas. Je préférais rentrer chez moi, je ne voulais pas déranger mes tantes, mes oncles, tous les adultes. Même si eux insistaient pour que je reste, moi je n'étais à l'aise qu'à ma table, pour manger mes plats, ceux préparés par ma mère. Alors que mes cousins, quand ils venaient à la maison, le Sony, le Bryan, le Jordan, ils dévoraient tout sans se poser de questions ! C'est normal, chez les gitans, on partage. On passe tout notre temps ensemble, on vit les uns à côté des autres, donc ça n'aurait pas posé de problème que je fasse pareil chez eux. La retenue, elle venait seulement de moi. Il y a peut-être un blocage qui vient de mon père. Petit, quand j'accompagnais mes parents chez quelqu'un, fallait pas bouger une oreille. Le padre était dur et pas bavard avec nous, ses enfants. Il fallait marcher au pas, sinon la claque partait vite. Il était strict, vraiment, et il avait une liste de choses qui le mettaient fort en colère. On ne devait pas boire dans ses bouteilles d'eau, s'asseoir pour manger sans avoir les mains propres, on ne touchait rien à table avant que les autres soient tous assis. Fallait pas non plus que je lui coupe la parole ou que je passe devant lui alors qu'il était en train de parler. Le respect, c'était ça : ne pas interrompre les anciens. S'assurer qu'on se montre bien élevés, respectueux des plus vieux, je pense que c'était sa façon à lui de nous aimer. Je n'ai jamais eu peur de lui, mais je m'en suis pris quelques belles ! Je pense qu'après, en grandissant, j'ai gardé cette idée que ma présence pouvait déranger. Même encore aujourd'hui. Ça peut paraître bizarre, parce que je monte sur scène, que je suis dans la lumière, devant tant de monde, mais très souvent, pour des réunions, des rendez-vous, je vais naturellement m'asseoir dans un coin, me mettre sur le côté, surtout pas au milieu. Je préfère observer plutôt qu'on me regarde. C'est sans doute pour ça que j'ai mis du temps à ne plus être effrayé par la scène… Me mettre au centre, c'est le contraire de mon éducation.

Dans la maison de Saint-Astier, on restait l'automne et le premier mois de l'hiver. J'étais parfois casanier quand il y avait trop de pluie ou qu'il faisait très froid dehors. J'avais beaucoup d'outils dans la maison, pour jouer : des petits marteaux, des tournevis… Pas en plastique, des vrais outils que mon père ou des amis à lui me donnaient. J'essayais de faire comme mon frère à tout démonter. Sauf que moi je ne savais pas reconstruire ! Mais ce que je préférais, c'était la nature, la vraie, dehors. Je jouais le plus souvent au fond du terrain, dans mon bac à sable. Ça n'était pas vraiment un bac à sable comme dans les parcs, disons que c'était une partie du terrain où la terre était plus sableuse et sèche. Enfant, j'avais beaucoup d'imagination. Je me construisais une petite ville avec les mains et je faisais comme si je partais sur la route avec ma caravane. J'avais seulement un poids lourd avec une remorque, mais j'imaginais que c'était une *campine*, et je jouais à faire le voyage. J'imitais les adultes qui préparent le départ : « *Hola qué tal*, tu pars dans quelle ville ? » J'inventais un itinéraire au milieu des maisons, je creusais des tunnels, je dessinais des places pour garer mon gros camion, comme on le faisait sur les emplacements l'été. Je pouvais jouer là pendant des heures, jusqu'à ce que ma mère m'appelle pour le dîner.

C'est toujours ma mère qui cuisinait. La mamà cuisine particulièrement bien, mais mon plat préféré reste ses pommes de terre et ses légumes farcis. Avec de l'aïoli maison ! Tous les jours, elle préparait tout et nous appelait quand c'était prêt. Mon père cuisinait aussi, mais lui faisait plutôt les grillades avec mes oncles, pendant les mois sur le voyage. Ma mère s'occupait du quotidien, des enfants, de la maison. Les mères sont au centre de la communauté gitane, c'est elles qui gèrent tout. La mienne venait me chercher à l'école, et sur le trajet retour, on s'arrêtait chaque fois au Leclerc. Les gitans font les courses tous les jours, plusieurs fois par jour ! On fait les courses le matin pour le repas du midi, et on repart faire les courses l'après-midi pour le repas du soir.

On a peu de place dans les caravanes pour stocker la nourriture, donc on s'organise comme ça. Repas après repas. Et on garde cette organisation même quand on est à la *casa*. Moi, j'adorais faire les courses dans les grands magasins, parce que je passais toujours devant le rayon jouets qui était énorme. Ça me faisait rêver... Parfois, ma mère m'achetait un bonbon ou un chocolat pour le retour. Ensuite, je sortais sur le terrain m'inventer mes histoires. Et on dînait vers 18 h 30. C'est une habitude chez les gitans de dîner tôt. Ça n'empêche pas, l'été, de veiller tard, même pour les enfants.

À Saint-Astier, on dînait sur la table du salon. Mon père partait tôt le matin et rentrait tôt l'après-midi. Puis il allait voir les oncles, les copains, la famille et il revenait à l'heure du dîner. Il s'asseyait toujours à la même place. Je me battais souvent avec mon frère pour avoir les mêmes couverts que le padre. Il n'y avait que deux couverts identiques, plus lourds et plus beaux que les autres. On se sentait plus grands quand on mangeait avec. On se battait aussi pour s'asseoir près de lui. Je faisais attention de bien me tenir droit, j'étais fier d'être assis à son côté.

De mon père, je garde son parfum, « Kouros » d'Yves Saint Laurent, et l'odeur de sa mousse à raser tous les matins. Encore aujourd'hui, il se rase chaque jour. Sa collection de blaireaux m'impressionnait beaucoup, je les passais sur mes joues pour l'imiter. J'avais hâte d'avoir moi aussi une barbe à couper ! J'apprendrai un jour à mon fils, ça me rendra tellement fier. Pour moi, c'est le geste du daron.

Ma mère était plus tendre, câline, mais elle a aussi un gros caractère. Elle pouvait me gronder quand je faisais des bêtises. Et elle engueulait mon père s'il se fâchait trop contre moi ! Sa tendresse ne passait pas souvent par les mots, mais je sentais son amour dans ses regards qui rassurent, dans sa façon de poser sa main sur mes cheveux après la douche et de me dire « Allez petit, va, tu te lèves tôt demain ». Elle était la dernière voix que j'entendais le soir. Mais au réveil, quand je me levais pour aller à l'école, c'est mon père qui était le premier debout. Il préparait le café pour la mamà et lui tous les matins.

J'ai eu une enfance heureuse, vraiment, très joyeuse. Je préférais la saison du voyage, mais je garde beaucoup de beaux souvenirs de Saint-Astier, des week-ends en famille, surtout. La *campine* de mes parents était garée pour l'hiver. Il y avait aussi les caravanes de mes oncles qui venaient nous voir quelques jours et qui repartaient. Ça remplissait une partie du terrain, mais j'avais quand même mon coin bac à sable. Avec mes cousins, surtout avec le Bryan, on restait des heures dans la forêt à côté de la *casa*, à grimper dans les arbres, à construire des cabanes, à jouer à trappe-trappe, à Tarzan. Les parents nous laissaient courir dehors quand il faisait beau. Ils savaient qu'on ne partait jamais loin et que mon frère et les grands cousins surveillaient. On construisait des arcs avec des bouts de bois et des cordes, on jouait aux policiers avec des bâtons. J'ai gardé longtemps ma passion pour les lance-pierres. Le week-end, quand ce n'était pas la famille qui venait chez nous, j'accompagnais mes parents pour voir les amis, les oncles, on passait du temps les uns chez les autres. La vie dans la maison de Saint-Astier s'arrêtait à la fin du mois de janvier. Mon père se préparait à prendre la route pour commencer sa tournée de clients : l'hiver, il faisait la ferraille et l'élagage. Ensuite, en période de bourgeons et l'été, parce que la sève montait, il faisait plutôt des travaux de rénovation, les toitures surtout. Nous, on se préparait à partir pour l'accompagner. Le temps de remonter dans la *campine* était enfin de retour. Je quittais l'école, ma chambre et mon bout de bac à sable, mais ça ne valait pas grand-chose à côté de l'excitation de retrouver le voyage.

Chapitre 3

Latcho drom ! Bonne route !

Contrairement aux *gadje* de ma classe, je terminais l'école à la fin du mois de janvier. Il était l'heure de repartir. Mon meilleur moment de l'année. Prendre la route, c'est resté ce que je préfère, aujourd'hui encore. On se remet en mouvement, l'horizon se découvre, on se sent plus vivant. Je voyage depuis ma naissance, donc je n'ai pas de souvenir d'un premier départ. C'est quelque chose qui coule dans mes veines. Pour un gitan non sédentarisé, le voyage est aussi vital que le sang dans le cœur et l'air dans les poumons. Et j'aime l'agitation qui monte les jours d'avant. On prépare les affaires, on replie le quotidien : les chaises, les tables, la vaisselle, les draps. On range les meubles et les affaires dans les remorques et les caravanes. Petit, j'étais très impressionné par mon père, par son organisation. Il arrivait à faire comme un Tetris à l'arrière du camion et dans la remorque. Tout trouvait sa place.

Chaque année, les gitans choisissent la « mission » sur laquelle ils veulent partir. Les missions évangéliques définissent le trajet qu'on va faire et les pasteurs qu'on va suivre. Nous, on se mettait en route dès le mois de janvier, juste la *campine* de mes parents et celles de la famille proche, les cousins, les tantes, etc. Ça faisait une dizaine, parfois une vingtaine de caravanes. Mais les missions sont du mois d'avril au mois de juillet et en rassemblent parfois près de trois cents. Les familles peuvent changer d'une année sur l'autre l'itinérance qu'elles veulent faire. Mes parents choisissaient surtout en fonction des clients de mon père, pour faire le trajet le plus facile pour lui. D'autres gitans décident leur mission en fonction du pasteur qui les inspire le plus ou des proches qu'ils veulent visiter. Je me retrouvais donc bien souvent avec la plupart de mes cousins et cousines, mais aussi d'autres familles qu'on croisait seulement sur la route.

Tout le temps du voyage, mon père travaillait. Il avait des clients dans toute la France et les gens savaient en fonction du mois de l'année quand mon père arrivait dans une région pour élaguer ou faire des réparations. Il partait travailler tôt le matin ; la mamà restait sur le camp, avec nous. Moi je n'avais plus école. Une fois partis en mission, on était censés suivre des cours par correspondance, mais pour dire la vérité, je ne l'ai jamais fait. Il arrivait que les enfants de cinq à dix ans se rassemblent dans un car, sur une place de village, ça s'appelait « l'école mobile ». Un professeur venait nous faire la classe, uniquement pour les enfants gitans. Alors, mes parents m'y envoyaient. J'aimais bien ça, faire l'école dans un car avec les cousins ! Mais la plupart du temps, je jouais sur le camp avec les autres enfants, des journées entières à inventer des histoires et à courir... Le Jessie était plus grand, donc il s'amusait avec les grands cousins. Et mes sœurs passaient des heures à se pomponner. Comme j'ai onze ans d'écart avec ma sœur aînée, chacun restait avec son groupe d'amis. On n'avait qu'une caravane, celle de mes parents, et un camion dans lequel dormait Jessie. La Laetitia s'est mariée quand j'avais neuf ans à peu près, donc elle nous rejoignait ensuite avec sa caravane à elle et son mari. Pareil pour mes autres sœurs. Très vite, j'étais le seul à rester dormir dans la caravane de mes parents.

À cet âge, je ne connaissais pas le nom des villes qu'on traversait. Maintenant je sais qu'on commençait souvent par le Sud-Est : Narbonne, Carcassonne, Béziers, Nîmes, Montpellier... On faisait beaucoup de route. On s'arrêtait sur des places, dans des champs, parfois sur des terrains prévus pour les gens du voyage. Mais certaines villes ne respectent pas l'obligation d'avoir un terrain dédié, ou bien on nous laisse seulement les mauvais terrains vagues près des ordures, alors on s'installe là où on trouve une meilleure place pour poser les *campines*. Je peux comprendre que ce soit impressionnant pour les gens d'une ville ou d'un village de voir débarquer d'un coup des centaines de caravanes. Certains ont des idées fausses sur nous. Ils ont peur qu'on vole, qu'on se bagarre. Je n'ai jamais rien volé de ma vie. Mon père m'aurait tué si j'avais fait une chose pareille ! Je me souviens, même tout petit, quand on allait faire les courses avec ma mère, il arrivait que des vigiles nous suivent dans les magasins. Je n'étais pourtant qu'un enfant, et elle qu'une mamà. On peut traîner encore une réputation de voleurs de poules. Mais nous, les poules, ça fait bien longtemps qu'on les achète et qu'on les mange ! D'ailleurs, quand les gitans s'installent quelque part, ils font des courses tout le temps, ils consomment beaucoup, c'est bien pour les commerçants. Les gens du voyage sont joyeux et chaleureux. J'aimerais que tout le monde nous voie comme ça. On n'essaie pas d'intimider les autres, on veut juste un endroit agréable pour les familles et les enfants.

Plus je grandissais, plus l'excitation du départ était forte. Je savais que j'allais retrouver beaucoup de monde, certains de mes cousins que je voyais peu à Saint-Astier. Surtout l'autre Bryan, un autre cousin. Comme le premier Bryan de ma classe de CP, il est mon meilleur ami aujourd'hui encore. Quand on avait sept ou huit ans, ce Bryan-là avait un petit quad blanc Yamaha que j'adorais. On faisait les *locos* sur le camp et dans les forêts autour. On était une trentaine d'enfants du même âge et on savait qu'on allait partir en mission tous ensemble pendant trois ou quatre mois. Un peu comme des super longues vacances sans jamais avoir le même décor. Tous les gamins du monde devraient connaître ça ! Le soir, on jouait au loup et à cache-cache entre les caravanes, pendant que les parents discutaient et chantaient autour des feux et des grillades. L'odeur de la fumée, c'est celle de mon enfance. Mon père avait toujours la guitare à la main, il était apprécié de tous pour faire la *música* jusqu'à tard. La journée, j'accompagnais ma mère faire les courses. Parfois je rentrais avec des épées en plastique ou des petits pistolets à billes, j'arrivais en courant sur le camp pour chercher le Bryan et tous les autres. Les mères laissent les enfants aller et venir parce qu'elles savent que tout le monde nous surveille. Les plus grands veillent sur les plus petits. C'est un terrain de jeu et une liberté incroyable quand on est tout jeune. Mais le camp, c'est aussi un lieu dangereux. L'été, quand il fait chaud, on est souvent pieds nus. Il y a un peu partout des flaques et des bassines d'eau pour le linge, juste à côté des fils électriques, des dominos et des prises. On sait qu'il peut facilement y avoir des accidents alors tout le monde est vigilant, et les voitures roulent au pas.

Certaines années, on s'arrêtait quinze ou vingt jours à Toulouse. Le camp d'accueil se trouvait juste à côté de l'usine AZF, celle qui a explosé en 2001. Tout autour des caravanes, il y avait des canalisations, des souterrains, fallait être tout petit pour aller là-dedans ! On s'aventurait avec mes cousins pour jouer dans les tunnels, faire des courses, se lancer des défis. C'était tout noir, ça sentait bizarre, comme des égouts. On était une dizaine d'enfants à s'amuser là, pendant des heures, il y avait mon petit cousin Titarate, son frère Zouzou, le Jordan, le Bryan, et aussi Alan... *Mamà !* On était plein à y faire les fous ! C'est un de mes meilleurs souvenirs. On se faisait peur, on imaginait qu'un monstre était après nous, on se mettait tous à courir. Un jour, sans le vouloir, j'ai fait du mal à Titarate, j'avais fait croire qu'il y avait quelqu'un à notre poursuite, je m'étais mis à crier et lui à fuir à toute vitesse. Mais un bout de béton dépassait sur le haut du tunnel, dans le noir on ne le voyait pas, et il s'était ouvert le front par ma faute. Sa mère m'avait passé un savon... la mienne aussi !

Tout au long du voyage, on change régulièrement de terrain pour poser les *campines*. En général, tous les quinze jours ou trois semaines. Les hommes construisent de grandes tentes, comme des chapiteaux blancs, pour les prêches et les cérémonies, ils organisent tout le fonctionnement du camp chaque fois qu'on s'installe quelque part. Mais, à chaque départ et à chaque installation, il n'y a pas que les hommes qui s'activent, tout le monde met la main à la pâte : les *mamàs*, les ados, le camp est en transformation complète. On enroule les tuyaux d'eau, on se débranche des groupes électrogènes, on replie les chaises et les tables de jardin. Seuls les plus petits peuvent continuer à jouer. On enchaînait comme ça plusieurs villes, je voyais tellement de paysages... J'écoutais mes parents parler à l'avant de la caravane, ils mettaient la *música* et on chantait dessus. Le Johnny, les Gipsy Kings, la chanteuse Negrita ou encore Céline Dion. On roulait souvent fenêtres ouvertes, pendant des kilomètres. Aujourd'hui encore, j'aime cette sensation. Je ne laisse jamais quelqu'un conduire à ma place, j'adore ça, le volant entre les mains et le dehors qui défile. Ça me rappelle mon père sur la route, concentré et heureux. Et moi, pressé de retrouver tous les autres.

À la fin du mois d'août, on rentrait près de Paris, dans le 91. La mission était finie, mais le padre avait encore de la clientèle à visiter en région parisienne. On était juste nous et la famille proche, à nouveau une dizaine de caravanes seulement. Enfin, après huit mois de voyage, j'étais de retour à la *casa* de Saint-Astier.

Chapitre 4

La classe des gitans

Juillet 2004. J'ai huit ans. Mon père trouve à Périgueux un joli terrain à aménager. Il veut se rapprocher de la capitale de la Dordogne, c'est plus pratique pour le travail. Changer d'endroit, ça n'est jamais un problème pour un gitan. Mais là, c'est un vrai déménagement, et pour moi, un sacré coup dur. La sœur de mon père, ma tante Paula, vient d'acheter une *casa* juste à côté de la nôtre à Saint-Astier. C'est la mère de mon cousin Bryan. Le premier dont je parlais, celui qui m'a piqué Laura et la chenille ! Ça veut dire qu'avec le Bryan, on aurait pu se voir tous les jours, jouer après l'école, faire les fous sur mon quad rouge tout neuf… Et on déménage pile à ce moment-là ! Je suis dégoûté. Mais le nouveau terrain est plus grand. Et c'est le padre qui décide, donc pas question de me plaindre.

À Périgueux, on s'installe avec la *campine* sur le terrain avant de construire la maison. Mon père a juste fabriqué un petit garage, qu'il a aménagé avec une cuisine et l'eau courante en attendant que la vraie *casa* soit finie. Comme un Algeco. Le soir, on dort dans la caravane. J'aide mes parents à débroussailler le terrain, les ronces, les mauvaises herbes. Il fait très chaud, c'est le début de l'été. Mon père bosse comme un fou, il bâtit tout de ses mains, les murs, le toit, aidé des oncles et des grands cousins. Et il met du joli gravier blanc tout autour. Même sur les chantiers, on aime que les choses soient propres et agréables. Moi, le garage et la caravane, ça me plaît bien comme ça. Je n'ai pas besoin d'une maison pour être heureux. J'ai toujours préféré les petits endroits, les petits espaces, ça me rassure. Aujourd'hui encore, quand je ne suis pas avec ma femme et mes enfants, je préfère laisser une grande suite d'hôtel à quelqu'un de mon équipe et dormir dans une chambre plus simple.

Dès qu'on arrive sur le nouveau terrain de Périgueux, cet été-là, on retrouve tout le reste de la famille : des oncles, des tantes, des cousines, des cousins. Mon père avance les travaux tout en continuant à visiter sa clientèle. Il travaille sans arrêt. J'admire sa force et sa détermination pour sa famille. Et puis la rentrée arrive… Qui dit nouvelle ville, dit nouvelle école. Je dois faire mon entrée en CE2. Tous mes cousins préférés y vont ensemble, le problème c'est qu'en octobre il n'y a plus de place pour m'accueillir dans le même établissement qu'eux. C'est une deuxième grosse déception, une vraie douche froide ; je me retrouve dans une autre école primaire, celle de Chancelade. Il y a beaucoup d'autres gitans, mais je ne les connais pas vraiment. Ce sont des cousins plus éloignés ou des gens qui ne sont pas de ma famille. Nos parents se fréquentent peu. Là, contrairement à Saint-Astier, je fais mon entrée dans une classe… de gitans. Tous les gitans de l'école, peu importe l'âge et le niveau, sont rassemblés dans une seule classe, du CP au CM2 ! C'est un maître qui s'occupe de nous, monsieur Tabary. Il est sympa, je lui pose beaucoup de questions pour essayer d'apprendre. Je reste très enthousiaste chaque matin quand j'arrive.

Mon premier jour de rentrée en CE2, je suis plutôt à l'aise. Je retrouve un autre Bryan, un troisième. Il est un peu plus âgé que moi. Je le connais de loin, on se croise dans des fêtes ou des cérémonies, mais on n'a aucun lien de parenté. Il devient vite mon copain de classe. Mais ce grand Bryan n'est pas un bon exemple. Il veut toujours que je me batte avec les autres, alors que lui, il ne fait jamais rien. Il cherche juste à me pousser à ça. Il répète à chaque récré : « Le Kendji, t'es pas cap ! » Comme je suis plus petit, en âge et en taille, je veux lui prouver que si. J'ai toujours été très fier. La fierté a parfois été un moteur dans ma vie, mais aussi un vrai frein. Ce Bryan en est la preuve. Un jour, il me montre un enfant dans la cour, le plus grand de l'école, mais pas le plus costaud. C'est un *gadjo* tout long et tout maigre, il joue tranquille. J'arrive derrière lui, sans prévenir, et je lui mets un énorme coup de poing dans le dos, très fort, au niveau du rein. *Pauvret'*... Quand j'y repense, ça me fait encore mal au cœur. C'est un geste que je regrette vraiment dans ma vie. D'ailleurs, je me suis senti coupable tout de suite ; juste après l'avoir frappé dans le dos, je suis allé me dénoncer. Et l'autre petit gars est venu raconter aussi, il était plié en deux de douleur. Le maître m'a demandé pourquoi, j'ai répondu la vérité : « Le Bryan il a dit que j'étais pas un homme si je le tapais pas. » Je me suis excusé, j'étais très ennuyé d'avoir fait mal sans raison à quelqu'un. J'ai été privé de récréation et j'ai dû retourner tout seul en classe. Le grand Bryan, lui, il a bien rigolé. Il avait réussi son coup.

Quelques semaines après cette histoire, il y a eu un deuxième incident. On est entre gitans dans la cour, Bryan raconte une bagarre de son père. Il mime avec de grands gestes et des gros mots. Il monte alors sur mes pieds avec les siens et, d'un coup, il me pousse fort en arrière. Comme j'ai les pieds retenus au sol, impossible de me rattraper, je tombe raide sur le goudron, ma tête éclate par terre. Il y a du sang, tout le monde panique. On me soigne, c'est moins grave que ça n'en a l'air, mais ça reste un gros choc. Le soir en apprenant ça, ma mère voit rouge. Les parents peuvent être durs avec leurs enfants dans la communauté gitane, mais les enfants restent des petits rois. On ne supporte pas qu'il leur arrive du mal. La mamà prend sa voiture, elle m'embarque avec elle et elle fonce direct chez Bryan. Elle rentre dans la maison en hurlant à sa mère : « Ton fils, c'est un fou ! Qu'est-ce qu'il a fait à mon petit, le Kendji ! » Celle-ci se tourne alors vers son fils : « Au secours ! *Ques ka fa*, toi ? » Je me souviens qu'à cet instant, Bryan me paraïssait moins grand d'un seul coup. Sa mère l'engueulait fort. Après ça, il s'est calmé. Et puis l'année suivante, il avait changé d'école, je crois, en tout cas il n'était plus là.

L'année suivante, à mon entrée en CM1, c'est un autre maître qui reprend cette drôle de classe « spéciale *gitanos* ». Je me souviens qu'il était rugbyman et que je l'aimais beaucoup. Un homme respectueux et vraiment gentil, mais son nom ne me revient pas. Qu'il pardonne ma mauvaise mémoire s'il lit ces pages ! Sur le moment, je trouvais ça bien d'être dans une classe qu'entre nous. Je ne me posais pas de question, c'était comme ça et ça m'allait. Mais les pauvres professeurs, ceux qui devaient nous faire cours, ils avaient beaucoup plus de travail que tous les autres, parce qu'il y avait de gros écarts entre les plus grands et les plus petits. Certains enfants avaient déjà dix ans, peut-être un peu plus pour les retardataires, quand d'autres en avaient tout juste six. Et il faut imaginer l'ambiance dans une classe comme la nôtre ! Ça ne devait pas être simple tous les jours d'enseigner dans le calme. C'était pareil dans l'autre école de Périgueux, à Chamière, celle où sont allés mon frère et mes sœurs avant moi. Le maître de cette école primaire, il a fait tous les gitans de ma famille : de ma sœur aînée Laetitia jusqu'à l'un de mes petits neveux ! À la fin de sa carrière, je pense qu'il parlait mieux gitan que nous !

Les années à Chancelade se ressemblent toutes dans mon souvenir, parce que je les ai passées dans la même classe et avec les mêmes élèves. Les *gadje* jouaient peu avec nous, et nous on ne cherchait pas non plus après eux. Avec notre classe, on restait très séparés des autres, en fait. On voulait prendre leurs billes et on rêvait de *tchorav* les jouets qui nous faisaient envie, mais il n'y avait pas de rivalité, plutôt comme un fossé. On ne s'asseyait pas ensemble à la cantine, par exemple, et on n'était pas souvent invités à jouer au foot dans la cour. Aujourd'hui, je trouve ça très surprenant d'avoir choisi de rassembler les gitans dans une classe à part. Ça n'était pas un bon moyen de créer un lien. Je comprends que nous, de tradition nomade, on n'avait pas le même rythme que les autres, je ne restais que quatre mois, ça filait vite, et, même si certains continuaient jusqu'à la fin du mois de mars avant de partir en mission, on était quand même tous en décalage par rapport aux enfants qui faisaient une année complète. Mais on aurait pu imaginer d'autres solutions. Nous répartir dans les classes comme on le faisait dans d'autres écoles, c'était un meilleur moyen de nous donner envie d'apprendre et de nous rassembler. Je pense qu'au cours de ces années-là, j'ai nourri l'idée qu'en étant gitan, j'étais trop différent.

Chapitre 5

Le travail avec le padre

J'ai pu vraiment mesurer l'écart qui s'était creusé entre mon niveau et celui des autres élèves à mon entrée en sixième. Après trois années à Périgueux, on est revenus à Saint-Astier pour garer la caravane sur un beau terrain que mon père avait récupéré de mon grand-père. Se donner des terrains, dans la communauté gitane, ça se fait souvent. Et celui-ci était le plus grand qu'on avait jamais eu ! Mais cette fois, il n'était pas prévu de reconstruire une *casa*. Je pense que mon père avait mis trop d'énergie à faire la maison de Périgueux pour avoir l'envie de se relancer dans de nouveaux travaux. Ça prend du temps, et puis ça coûte cher, aussi. Je ne manquais de rien, moi j'étais heureux, mais j'ai réalisé en grandissant qu'on n'avait moins de sous que d'autres gitans autour. La plupart comptaient une maison et plusieurs caravanes. Nous, on avait la *campine* de mes parents et le camion de mon frère

Jessie, c'est tout. Le Jessie dormait dedans, ça me faisait rêver. Il avait son indépendance à lui. Ces années-là, de retour sur le nouveau terrain de Saint-Astier, on mangeait donc dans un petit Algeco que le padre avait posé à côté de la caravane, ça permettait de dîner au chaud pour l'hiver. Parfois, quand il n'était pas avec ses copains, le Jessie était là aussi, et mes sœurs passaient nous voir, mais elles étaient maintenant toutes mariées, donc j'étais souvent seul avec mes parents. Il y avait régulièrement la Sophie, la plus jeune de mes grandes sœurs, parce qu'elle venait de divorcer. Elle s'installait près de nous avec son fils Leston. Moi, j'avais tout juste onze ans, j'étais content de retrouver le premier Bryan, celui de Saint-Astier, et de faire mon entrée dans le même collège que lui, le collège Arthur-Rimbaud. Mais, malgré mon enthousiasme, ce premier jour en sixième a marqué une blessure dans ma vie. Peut-être la plus profonde.

C'est le début du mois d'octobre. Comme chaque fois, je n'avais pas fait la même rentrée que les autres. Fini la classe des gitans, on est tous mélangés et il y a plusieurs cours dans chaque discipline, avec plein de professeurs différents. Le collège est très grand, je me perds dans les couloirs, je ne comprends pas où je dois aller. J'arrive en retard dans la salle de classe. Je suis incapable de dire si c'est un cours de français, de maths ou de quoi que ce soit d'autre qui m'attend. Ma mère m'a acheté tout plein de livres, mais je ne sais pas à quoi ils servent. Le professeur vient vers moi, mes cahiers sont vides, alors il me demande : « C'est votre premier jour ? Vous n'avez pas fait de rentrée ailleurs avant ? » Je suis mal à l'aise, « Oui monsieur, c'est mon premier jour ». Il ne répond rien, mais je vois dans son regard qu'il ne comprend pas ce que je fais là. L'heure qui suit, je suis assommé. Il écrit des choses au tableau, il parle, je ne capte rien. Comme si on m'avait mis un coup. Pour la première fois de ma vie, je mesure le fossé immense qui s'est creusé avec les autres élèves de mon âge. Là, dans cette salle, je deviens un étranger. La sensation est très brutale. Je les regarde écrire, ça me dépasse totalement. La peur monte pendant que les minutes passent. J'en viens à me dire « Merde, comment je vais faire… »

Les jours et les semaines qui suivent, je continue d'aller en cours, mais l'envie m'a quitté. Je me motive grâce au Bryan. Comme il est sédentarisé, lui, il fait des années complètes à l'école, il n'a pas le même problème que moi, alors il essaie de me rassurer. Je me motive aussi parce qu'il y a de jolies filles dans le collège, mais pour les cours, je suis perdu. Les heures en classe, je me renferme sur moi-même, je m'assois toujours au fond, à la dernière table. Je suis pris par la honte que les autres découvrent que je ne sais pas bien lire. Ils lisent tous dans leur tête, sans poser le doigt sur les lignes. Moi, je déchiffre péniblement, en mot à mot, et je ne sais pas vraiment écrire. Je note en abrégé « tu fais quoi » par « tfk », comme sur un téléphone. Je recopie ce qu'il y a dans les livres ou au tableau, j'essaie d'imiter leurs gestes pour ne pas attirer l'attention. Les premières semaines filent, je ne me sens plus à ma place. Les profs se rendent bien compte que je n'ai pas du tout le même niveau. Je n'ai pas souvenir d'avoir eu de soutien, de l'aide, une attention particulière. Mais je n'ai pas non plus ressenti d'acharnement ni de moqueries. Les professeurs, comme les autres élèves, ne me calculaient pas trop. Ils ne me posaient pas de questions, ils ne m'envoyaient jamais au tableau. Je restais dans mon coin au fond de la classe et je me faisais le plus discret possible en attendant que les cours se terminent. Depuis, je sais combien ça va vite de perdre confiance en soi, de se sentir incapable quand tout le monde autour est meilleur que vous.

J'ai commencé à sécher certains cours. Et j'ai séché encore plus en cinquième. Pour être honnête, la deuxième année de collège, j'y suis peut-être allé dix ou vingt fois en tout… Je ne comprenais pas les devoirs que j'avais à faire, ni les matières qu'on devait apprendre. J'aimais juste bien le cours de techno parce qu'on faisait de la soudure, c'était manuel, je me sentais plus à l'aise. Je pouvais au moins montrer ce que je savais faire, même si en réalité, là non plus je ne savais pas faire grand-chose. De toute façon, je repartais en janvier, personne n'attendait rien de moi et moi je n'attendais plus rien de l'école. On ne pensait pas à me faire redoubler ni à envoyer un courrier à mes parents pour les prévenir de mes absences. C'est comme si tout était inutile : que je vienne ou non, que je travaille ou non, ça ne changeait rien. Et moi, tout me paraissait tellement loin et inaccessible que je préférais fuir. Je n'avais pas seulement « pris du retard » sur les autres. Je n'avais rien ni personne à rattraper, c'est toute ma vie qui marchait dans une autre direction.

Alors, au même âge, vers les onze, douze ans, j'ai commencé à faire la ferraille avec mon père. On devait en ramasser le plus possible pour la revendre au poids. J'adorais travailler avec lui, ça débarrassait les gens et ça nous permettait de gagner un peu les sous, tout le monde était content. Je récupérais des morceaux sur des vieux tracteurs abandonnés, dans des champs ou dans des forêts, ou on coupait d'anciennes lignes de courant que plus personne n'utilisait. Dans les campagnes autour, mon père faisait rassembler la ferraille par les paysans, puis on enchaînait la tournée des fermes pour embarquer les métaux qu'ils voulaient bien nous donner. C'était physique et parfois dangereux. Les métaux pesaient lourd, on utilisait des matériaux tranchants pour découper le cuivre, l'acier, etc. Le padre savait tout faire : quand il passait dans les villages, il aiguisait aussi les ciseaux, les couteaux des gens, il faisait parfois les pailles des chaises, le rembourrage. Ce sont des métiers devenus rares pour les *gadje*, mais encore fréquents chez les gitans.

Ça ne me dérangeait pas de me lever tôt le matin. Mon père avait un Iveco plateau avec un gros moteur de 120 chevaux, un camion couleur blanc cassé avec une benne à l'arrière. À 8 heures, plutôt que d'aller en classe, je me retrouvais souvent avec la masse dans la main, à taper sur des métaux et à charger l'arrière du camion. Je voulais lui montrer que j'étais fort. Que j'étais capable. Les gens se régalaient de me voir travailler si jeune avec lui. On me donnait parfois de l'argent de poche ou des gâteaux. Ils disaient que j'étais bien élevé, vaillant, ça me rendait fier. Ça rattrapait un peu l'humiliation que je ressentais au collège. Je me souviens surtout de monsieur Torossian, à Aix-en-Provence, qu'on allait visiter à l'approche de l'été.

Lui et sa femme m'adoraient. Ils avaient perdu leur fils quelques années plus tôt, et de me voir travailler avec le padre, ça les rendait heureux. Ils étaient émus de nous voir arriver ensemble.

Les matins où on partait père et fils, on s'asseyait côte à côte dans son Iveco et on mettait la musique sur son radiocassette, souvent des guitaristes, mon père en écoutait tout le temps. Il y avait cette chanson que j'aimais énormément, chantée par Bamboula Ferré. C'était un vieux guitariste gitan qui portait toujours des grands chapeaux, un peu comme un cow-boy. Ce monsieur-là, j'ai appris plus tard que c'était le grand-père de mon beau-frère. Par le plus grand des hasards, ma sœur Katia s'est mariée avec son petit-fils. J'ai encore les paroles dans la tête :

Tu te souviendras de moi,
quand tu ne m'auras plus.
Et tu diras parfois,
si j'avais su.
On se quitte en emportant
que des bons souvenirs,
ce sont ceux-là pourtant
qui font souffrir…

Cette chanson me touchait beaucoup. Sa voix, c'est vraiment un morceau de mon enfance. Mon père aimait la valeur des choses anciennes, son vieux poste à cassettes, son vieux camion, et son savoir-faire hérité de son propre père, mon grand-père paternel, mon Papou. Sur le trajet, on parlait ensemble de musique, de guitare, de travail, de là où on devait aller, il m'expliquait les histoires d'avant, que lui aussi il faisait la ferraille avec mon grand-père, que c'était comme ça dans les familles gitanes, qu'il fallait attacher de l'importance au travail des mains. J'aimais tellement ces heures de route avec lui, le calme du petit matin, et lui qui me racontait avec toujours peu de mots ses souvenirs : « Tiens, à quatorze ans, j'étais allé là avec mon père. »

L'été, j'apprenais les ravalements de façade et les toitures. Savoir peindre, connaître les temps de séchage, monter sur les toits pour remplacer les tuiles cassées ou nettoyer la mousse. Pour l'élagage, il fallait encore attendre. Je voyais le padre couper les arbres, ça m'impressionnait tellement… Ses mouvements étaient très précis, son travail demandait beaucoup de technique et d'attention. Il connaissait la saison pour couper les arbres, surtout pas l'été quand la sève est montée, et aussi le bois de chaque espèce. Les pins, les pins parasols par exemple, sont plus faciles à scier. Le peuplier, c'est beaucoup plus dur, parce que ça pète comme du verre. Mon père ne me laissait pas monter si jeune dans les arbres, il fallait encore attendre mes quatorze ou quinze ans, mais je l'aidais à porter les affaires, le matériel, et à ramasser les branchages tombés par terre. Ces années-là, je portais beaucoup !

Plus le temps passait, plus j'apprenais des métiers très physiques et dangereux. Un jour, l'année de mes treize ans, j'ai manqué de me déchirer les testicules à la ferraille. On était à Vieux-Mareuil, en Dordogne, j'avais décroché d'une remorque la partie du tracteur qui sert à labourer. Mais, au moment où je la soulève, le labourage se remet en route ! *Mamà*, cette panique ! Le pantalon est parti avec, arraché par les lames… Quelques millimètres de plus et les œufs de Pâques étaient eux aussi à la poubelle !

Pour mes premières coupes d'arbre, l'année suivante, je m'entraînais sur les sapins. Je me souviens d'une fois où je me suis retrouvé coincé sous un tronc. J'avais la ceinture, le harnais, mais au lieu de tomber net, le bois s'est coupé en deux et une partie m'a écrasé le torse. Mes bras étaient encore mobiles, alors j'ai eu le réflexe de le couper le plus vite possible pour me dégager et pouvoir à nouveau respirer. Je me suis quand même fait une belle frayeur. Quand on est perché à 20 mètres de hauteur et qu'on manie une tronçonneuse à une poignée de centimètres du visage, faut être très attentif à ses gestes. Au moindre faux pas, on se retrouve défiguré. Une autre fois, la même année, j'ai fait une erreur en voulant aller trop vite. Je suis monté en haut d'un arbre pour aider mon père. Dans la précipitation, j'ai laissé mon casque par terre. Le padre avait installé un perroquet, une très grande échelle qui se déplie pour atteindre les branches les plus hautes ou s'accrocher sur les toits. Et il montait bien, ce perroquet-là ! Mon père m'attendait tout en haut de l'arbre, je devais lui apporter l'échenilloir, c'est un peu comme un immense sécateur, très lourd. Je grimpe sur le perroquet, je lui tends l'engin, mais au moment de l'attraper, l'échenilloir lui glisse des mains. En tombant, ça me frôle la tête… Là encore, à quelques millimètres près et sans casque, je ne suis pas passé loin de me faire fracasser le crâne.

Quand on travaillait ensemble, mon père gardait les sous mais il m'en donnait chaque fois que j'en avais besoin : si je voulais aller au cinéma, il me donnait le billet, si je voulais aller au resto, pareil. Moi, en grandissant, mon objectif c'était de gagner mon propre argent. C'était ça l'important, « devenir un homme responsable ». D'ailleurs, ma plus belle réussite dans le travail, c'est le premier contrat que j'ai décroché tout seul. On était près de Perpignan, sur le voyage, et en passant dans une rue, la rue du Boissolet, je me souviens du nom, je remarque une maison entourée de gros pins parasols avec beaucoup de branches. Je vois que les arbres ont besoin d'un gros nettoyage. À force d'accompagner le padre, j'avais l'œil pour repérer les arbres qui avaient besoin d'être élagués. Je m'arrête et je sonne à la porte. On m'ouvre, un monsieur assez âgé se tient sur le perron. Je me lance dans ma tirade, je reprends le discours de mon père quand il démarche de nouveaux clients :

— Bonjour monsieur, excusez-moi de vous déranger, je suis élagueur, je vois vos deux pins parasols qui sont chargés, et c'est dommage de les laisser comme ça parce que vous avez un jardin magnifique.

Face à moi, le monsieur m'écoute et demande :

— Vous avez raison. Combien vous prenez pour ça ?

Je veux me montrer sûr de moi, mais en réalité je ne sais pas trop, alors j'essaie d'imiter mon père quand il fait ses devis à l'oral :

— Abattage, ramassage de branches… C'est un prix ça, ça fait… dans les… 3 000 euros.

— Non, non, 3 000, c'est trop cher.

— Ah d'accord. Alors 1 800.

— OK, jeune homme.

Je quitte la maison avec un air sérieux, mais à l'intérieur je suis fou de joie. Je rentre chez moi en courant, affolé d'excitation. C'est ma première *casa* ! Avec le recul, il est clair que ce gentil monsieur avait bien compris que j'étais très jeune. Mais il avait dû apprécier la démarche, que je sonne et que je me présente le mieux possible pour proposer mes services. De retour sur le camp, je n'en parle pas tout de suite à mon père, parce que je veux lui faire la surprise. Et aussi parce que je veux garder les billets pour moi ! Le lendemain, je prends les bons outils et je pars faire le travail. Quand arrive le déjeuner, je montre les sous fraîchement gagnés à table, et je vois la fierté dans le regard du padre. Il me dit « C'est bien, c'est très bien, fils ». Cette fierté-là, ça valait plus que n'importe quel billet. Les jours d'après, je me suis acheté du parfum et des habits avec !

De mes onze à quinze ans à peu près, j'ai appris le travail comme ça. Je grandissais, le collège s'éloignait définitivement, mon avenir se dessinait devant moi : suivre la route de mon père et travailler aussi bien que lui. Le rendre fier, la mamà aussi. J'étais fils d'élagueur, je le deviendrais à mon tour. Ma vie était là.

Chapitre 6

Le camion

L'un des plus beaux souvenirs de mon adolescence, c'est l'été de mes treize ans. On est au début du mois de juillet 2009, sur un emplacement pour les gens du voyage à Villeneuve-sur-Lot. Quelques jours plus tard, mon grand frère Jessie va se marier. Je suis heureux pour lui, la fête se prépare, mais je suis aussi heureux pour moi. Car le mariage du Jessie va me permettre de prendre mon indépendance. Comme le veut la tradition gitane, une fois marié, mon frère partira vivre avec sa femme. Le camion qui lui sert de chambre sera libre : pour la première fois de ma vie, j'aurai un endroit à moi, où je pourrai dormir seul.

Jusque-là, j'étais installé dans la *campine* de mes parents. Il y avait un petit canapé-lit à l'entrée, juste en haut des marches, que ma mère dépliait le matin et le soir. Même pendant les mois passés en maison, les hivers où j'étais plus jeune, j'ai toujours partagé ma chambre. Maintenant que l'adolescence frappe à ma porte, j'ai envie de pouvoir appeler les copains, de rester tard sur mon téléphone, de jouer aux jeux vidéo la nuit. Une caravane, c'est petit, il n'y a pas d'intimité. Le soir, il ne faut pas faire de bruit pour ne pas déranger les parents et je ne veux pas non plus qu'ils entendent mes conversations. Alors, ce camion, c'est ma première liberté. En m'y installant, je me vois grandir. C'est un camion Mercedes qui sert à tracter la caravane. À l'arrière, les parois sont couvertes d'une moquette marron clair du sol au plafond. Ça fait comme un petit abri, avec un lit posé sur la machine à laver et le sèche-linge. C'est un lit une place, en hauteur, que mon père a fabriqué avec des tréteaux en bois quand le Jessie avait dix-sept ans. Faut choper la bonne technique pour atterrir sur le matelas : si on saute trop haut, on se cogne sur le toit, trop bas, on se prend les tréteaux ou la machine à laver dans les jambes. À force de me hisser dedans chaque soir, je deviens vite un expert, je saute en faisant un demi-tour arrière, hop, comme un vrai chat ! Fallait pas être gros pour se glisser là…

Il y a aussi une télé et une PlayStation. Pour un ado de treize ans, cet endroit, c'est carrément le rêve. Une fois le Jessie marié, le jour même, j'emménage. J'embarque mes arcs, mes lance-pierres et mes cannes à pêche pour les avoir près de moi. Mais je laisse mon gel, mon parfum et mes habits dans la *campine* de mes parents, il n'y a pas de miroir ni assez de place pour les ranger là, et avec le recul, heureusement, parce que sinon j'aurais mis un sacré bordel ! Je ne rangeais rien quand j'étais jeune, je laissais mes vêtements en boule, là où ils tombaient quand je les retirais. Ma mère les ramassait patiemment derrière moi, alors je ne voyais jamais les conséquences de mon bazar. Aujourd'hui, je me dis qu'elle aurait mieux fait de m'obliger à ramasser. Les *mamàs* font tout pour leurs enfants, surtout pour leurs fils, alors on prend vite de mauvaises habitudes.

Une fois rentrés à Saint-Astier avec mes parents, mes journées changent. Je ne suis plus obligé de me réveiller en même temps qu'eux pour défaire le lit pliant et libérer le passage dans l'entrée de leur caravane. Je me lève beaucoup plus tard. Comme il n'y a pas de fenêtres à l'arrière du camion, la porte reste toujours entrouverte, donc ma mère peut mettre en route les machines. Je ne dérange personne. Quand le padre n'a pas besoin de moi sur le travail, je passe une bonne partie de mes journées à traîner avec les cousins de mon âge, on a alors tous entre treize et quinze ans. J'ai le camion, mais je n'ai évidemment pas le permis, donc pour les voir, je me déplace en vélo. Depuis notre terrain, à 7 kilomètres sur la gauche, il y a les *campines* de mon cousin germain, de mon oncle et de mon Papou, mon grand-père. J'adore passer du temps là-bas, il y a des poules, des coqs, des chevaux, des chèvres, mais aussi des motos et des petits quads. J'y joue une bonne partie de la journée et je rentre quand j'ai trop faim. Même ado, j'ai encore beaucoup de mal à rester manger chez les autres, alors je repars sur mon vélo dans le sens inverse, 7 kilomètres retour. Ça me fait les muscles !

Pendant les quatre années qui ont suivi, jusqu'à *The Voice* et même après encore, j'ai dormi toutes les nuits dans mon camion. J'ai des souvenirs d'hivers glacés, je laissais mes jambes à l'air libre, je sentais le froid gagner du terrain partout autour de moi. Je n'allumais pas le petit chauffage électrique que mes parents me prêtaient pour les nuits trop dures, au contraire, j'adorais cette sensation. Je me réveillais les jambes transies, mais le reste du corps bien au chaud sous l'édredon. Je me souviens aussi des tempêtes, de la pluie, des orages là-dedans. *Mamà*… Ça cognait fort sur la tôle, ça résonnait de partout, j'entends encore ces bruits quand je repense à mon adolescence… Je me régalais. Avec le recul, je me sentais grand mais j'étais encore tout jeune, pourtant je n'avais jamais peur parce que mes parents étaient juste à côté, dans la *campine*, garée à deux mètres de moi. Quand on vit sur un camp gitan, on n'est jamais vraiment seul.

L'entrée dans le camion marque aussi mes premiers souvenirs de virées nocturnes. Je me mets à glander le jour avec les cousins, mais le soir aussi, à sortir avec eux sur les places des villages. L'hiver de mes treize ans, on repart à Villeneuve-sur-Lot visiter mon frère et sa femme, quelques mois après leur mariage. Un soir, avec les cousins, on se donne rendez-vous pour sortir en cachette. C'est la première fois que je vais mettre un pied en boîte. Les plus grands nous invitent à aller au Divino. C'est l'avantage aussi de ne plus dormir dans la *campine* de mes parents, je peux partir en secret pendant qu'ils dorment. Pour l'occasion, j'ai tout prévu : je me suis couché bien sapé pour ne pas avoir à récupérer mes vêtements dans la caravane, et je me suis coiffé, aussi, en vidant un pot de gel sur mes cheveux. Mais au moment de partir, je comprends que j'ai oublié un détail important… En faisant semblant d'aller dormir, j'ai fermé la porte du camion pour que mes parents ne me voient pas tout habillé sur mon lit. Au moment de sortir, l'enfer. Elle fait un bruit terrible ! Je mets au moins dix minutes à l'ouvrir tout doucement. Ça grince fort. J'ai très peur de me faire griller par mon père…

Une fois dehors, on marche avec les cousins. Il fait vraiment froid, mais on est trop excités par cette aventure. On arrive devant la boîte, j'entends la musique qui tambourine à l'intérieur. Comme certains sont plus grands dans le groupe et qu'ils ont leurs habitudes, on nous laisse entrer facilement. Ce soir-là, on boit une bouteille de vodka à plusieurs, c'est la première fois que je rentre chez moi fracassé. L'alcool arrive vite chez les gitans, chez les garçons surtout. On aime faire la fête, veiller tard. Il n'est pas rare de voir des jeunes ados de douze, treize ou quatorze ans boire de l'alcool en soirée. On ne le fait jamais devant nos parents, seulement quand on se retrouve entre jeunes en cachette, sur les missions ou sur les terrains, éloignés des feux de camp, à l'abri derrière les *campines*. Cette nuit-là, avec les cousins, on danse, on rit beaucoup, je profite à fond de la musique, je me sens tellement heureux.

Le trajet retour est notre punition. La douleur aux pieds, à marcher dans le froid pendant des kilomètres, est insupportable. On doit faire pas loin de 10 kilomètres, donc avec l'aller, ce soir-là, on s'en est payé 20 en tout. J'ai dû faire du bruit en rentrant, j'étais trop fatigué pour ouvrir la porte de mon camion tout doucement. Mais il était tard, ça n'a réveillé personne. Je me souviens de la sensation de bonheur, une fois couché sur mon matelas… J'ai tout de suite aimé sortir la nuit.

Les mois qui ont suivi, on a gardé cette habitude de se retrouver entre cousins en cachette. Mais de retour sur le terrain de Saint-Astier, fallait qu'on s'organise mieux parce qu'on était installés sur des camps différents, séparés parfois par plusieurs kilomètres. On partait la nuit se promener dans le centre-ville et en boîte à La Nuit des temps. On était une petite dizaine, comme des frères, toujours ensemble, il y avait Jeremy, Brian, Kevin, Piok, Jordy, Luidgi… et moi. On faisait des heures de marche au bord de la route, éclairés par la lune ou par nos portables. Dès ces années-là, j'ai associé la nuit à la fête. Les lendemains, je restais dormir tard, parfois très tard… Je n'avais pas besoin de regarder mon portable pour connaître l'heure. Je me repérais aux bruits et à la température dans le camion. L'été, quand le soleil tapait fort et que j'entendais le camp s'animer autour de moi, je savais que la matinée était déjà bien entamée. L'hiver, c'était la bonne odeur de la lessive et la vibration de la machine à laver au-dessus de laquelle je dormais qui me berçaient jusqu'en début d'après-midi.

De mes quatorze à mes dix-sept ans, j'étais de plus en plus ailleurs, en vadrouille avec les copains. Mon père était parfois dur avec moi quand je n'allais pas travailler avec lui. Il ne me trouvait pas assez sérieux. Il répétait « Kendji, tu fais qu'à sortir ». Avec mes frères et sœurs, on a tous subi cette pression du paternel. Mais les sœurs étaient maintenant grandes, indépendantes, et Jessie était plus rangé, plus calme. Alors à cette époque, le padre était surtout vigilant avec moi. Il restait toujours un peu distant, il me parlait plus froid. S'il fallait taper du poing sur la table ou lâcher des claques, ça pouvait facilement partir. Je me souviens d'une fois, à quatorze ans, où je voulais me battre avec un garçon sur le camp qui m'avait mal parlé. Je m'élance vers lui, mais mon père me stoppe net dans les airs avec une grosse gifle : « Non, fils, tu te bats pas. » Faut pas oublier qu'il a des mains de ferrailleur, donc une gifle de sa part, ça calme fort ! Il ne voulait pas que je devienne fainéant, mal élevé, il veillait à ce que je ne tourne pas mal. Je ne le regrette pas. Même, j'en rigole aujourd'hui, parce que ça m'a permis d'être poli. De toujours dire bonjour aux gens. D'ailleurs, c'est moi qui ai appris à la plupart de mes cousins la politesse. Eux, ils tutoyaient tout le monde. Le bonjour et le merci, il n'y en avait pas. J'arrivais derrière et je remerciais les *gadje* pour eux. Présenter ses excuses, laisser la chaise à un plus vieux, ne pas couper la parole… Tout ça, c'est le padre qui me l'a appris.

En dormant dans le camion je prenais mon envol, mes distances, et le travail m'intéressait moins. Je sais que mon père n'aimait pas ça. Il me lançait des regards noirs quand je me réveillais tard, alors je préférais fuir et passer du temps loin de lui. Pourtant, les jours où je le rendais fier, où il était plus doux, une petite pince sur la joue ou une simple tape sur l'épaule de sa part, il n'imagine même pas le bien que ça me faisait. Mais plus je grandissais, plus ça devenait rare. Honnêtement, les années avant que *The Voice* arrive, c'est lui qui avait raison, je ne prenais pas un bon chemin. Une grande partie de mon temps, quand je n'étais pas à faire la fête ou à dormir, je jouais à la Play ou je restais des heures au téléphone avec ma petite copine… Parce que le camion, c'est aussi ça : l'histoire de mon premier amour.

Chapitre 7

Primer amor

Depuis tout petit, je fais le charmeur. Mes sœurs m'ont donné cette confiance en moi, et les paroles des autres *mamàs* aussi, quand elles parlaient à la mienne : « Qu'il est mignon ton Kendji, avec ses yeux verts ! » Je me parfume depuis que je suis enfant, pour faire comme le padre, et à partir de dix ans, je commence à vider des pots de gel entiers sur mes cheveux. J'ai alors une coupe en brosse, c'est la mode de la Tectonik, cette danse avec les bras et les jambes qui s'agitent et qu'on imite tous plus ou moins bien dans les cours de récré. Je veux être à la mode, j'ai une crête qui fait au moins 10 centimètres sur le haut du crâne ! Quand je revois des photos de moi à cet âge, ça me fait beaucoup rire. En revanche, j'avais déjà un style vestimentaire plutôt classique : jean, t-shirt, tricot ou sweat. Je l'ai toujours aujourd'hui.

Une fois ado, j'essaie d'attirer les regards des filles. Je commence à porter des t-shirts très serrés pour montrer mes bras, je mise tout sur le physique. On se lance des concours de pompes avec les cousins et dès qu'on arrive dans une nouvelle ville, on part en groupe dans le centre pour rencontrer du monde, mais surtout pour trouver une petite copine. Pas question de draguer des gitanes, dans la communauté, ça ne se fait pas. L'amour est une chose sérieuse. Mais un flirt d'été avec une *gadji*, c'est acceptable, tant que ça reste léger et qu'on ne se montre pas. Comme je suis de nature sympathique et souriante, je me lie facilement d'amitié avec les jeunes filles de mon âge. Quand l'une me plaît, et réciproquement bien sûr, on passe du temps à se voir, à discuter, on se rapproche un peu, on se promène en ville ou à la plage, on partage des glaces et des pizzas, et puis je finis par me jeter à l'eau avec la fameuse phrase d'adolescent : « Dis, est-ce que tu veux sortir avec moi ? » On m'a souvent répondu oui. Je suis chanceux. Bien sûr, on m'a aussi dit non ! D'ailleurs, ma fierté m'a parfois empêché d'aller vers des filles que je trouvais très gentilles et belles. Je me disais « Si cette fille refuse, ça va vraiment me faire trop de peine », alors je laissais tomber avant même d'essayer de mieux la connaître. Mais, de toutes ces rencontres qui n'entraînaient qu'une poignée de bisous, rien n'est comparable à ce que j'ai ressenti quand je suis tombé amoureux pour la première fois.

Primer amor

C'est l'été du mariage de Jessie. Le même été où j'emménage dans le camion. Dix jours avant la cérémonie, on se rapproche de la maison de la belle-famille. Il faut préparer la fête, tout organiser, mais surtout, il faut que les deux familles se rencontrent. La future femme de mon grand frère vit près de Villeneuve-sur-Lot, dans le 47. Nous, on fait le trajet depuis une petite ville qui s'appelle Fontaine, en Alsace, où on était sur le voyage avec mes parents. À cette époque, mon père travaillait très bien dans la région. Je me souviens qu'il avait dû refuser de gros clients pour pouvoir se rendre à Villeneuve. Ça le faisait râler, mais il était content pour son fils aîné. Chez les gitans, le mariage, ça ne se prévoit pas des mois à l'avance. Le marié « enlève » sa future femme : en gros, ils partent tous les deux quelques jours, c'est le signal pour les deux familles que les jeunes amoureux ont fait leur choix et qu'il faut lancer les préparatifs de la cérémonie.

Une fois arrivés, on s'installe dans le jardin de la belle-famille. Des voisins et des proches sont là aussi, tout le monde discute et se réjouit de l'union à venir. Dès le premier soir, je fais la connaissance des autres jeunes, notamment des sœurs de la *casa* d'à côté. Elles sont amies avec la future femme du Jessie. La plus grande a dix-huit ans, la deuxième en a seize, et la dernière a mon âge. Le courant passe bien, elles m'invitent chez elles, on est plusieurs ados à se retrouver jusqu'à 4 heures du matin et à rigoler devant leur télé. Je commence à rire avec Fidji, la sœur du milieu. Elle est brune, mate de peau, avec des yeux marron ; elle a un caractère bien trempé ! Je sens beaucoup d'assurance chez elle, elle me nargue un peu, on est vite complices. Elle me plaît à l'instant où je la vois, mais je me dis que je suis trop jeune pour elle.

Les jours qui suivent sont joyeux, les adultes sont occupés, il faut louer une salle, acheter le champagne, les gâteaux ; on sent la fête qui approche. Fidji et moi, chaque fois qu'on se croise, on se regarde un peu, un peu trop, c'est certain. Mes yeux s'attardent souvent dans son jardin en espérant la voir. Mais je me dis que je me fais des films et qu'elle n'est peut-être pas intéressée. Une après-midi pourtant, elle vient à ma rencontre et m'entraîne derrière le camion du Jessie, celui où je vais bientôt dormir. Elle allume une cigarette et me propose de fumer avec elle. C'est la première fois pour moi, je n'ai jamais fumé de ma vie. Je suis adossé au camion, caché pour que mes parents ne me voient pas. Il est certain que mon père m'en collerait une belle s'il me trouvait à faire une chose pareille ! Dès la première taffe, j'ai la tête qui tourne. On commence à rire, mais très vite je me sens vraiment mal, je pose mon front sur le camion, je tousse, de la salive coule un peu sur le côté de ma bouche, j'ai l'impression que je vais m'évanouir. Avec sa main, Fidji m'essuie doucement le visage, d'une manière très douce et sensuelle. Elle me fixe avec un mélange de sourire et de confiance en elle. À cet instant précis, alors que je suis sur le point de vomir, je tombe fou amoureux d'elle.

On est début juillet, il fait beau, je vis les premières heures de mon premier amour. C'est une nouvelle sensation, j'ai l'impression de voir le monde avec plus de lumière. La maison qu'elle habite est un pavillon blanc, avec des escaliers sur deux étages. Le salon est grand, avec des chambres autour, il y en a cinq en tout. Le lendemain de la cigarette, dans l'après-midi, on est tous les quatre, avec Fidji et ses deux sœurs, à discuter dans sa chambre. Au bout d'un moment, ses sœurs se lèvent et nous laissent seuls. Elles ne se doutent de rien. Elles me voient sans doute comme un gamin, le petit frère du marié. Fidji et moi, on se retrouve en tête à tête. Je suis assis sur son lit, tout près d'elle. *Mamà*… Mon cœur va lâcher. On se touche la main, on ne se quitte pas des yeux, on s'avance l'un vers l'autre, et on s'embrasse. Inutile de se parler, on sait que tout est incroyable entre nous, et déjà terriblement compliqué…

Il faut savoir qu'avant le mariage, chez les gitans, on ne doit jamais, jamais nous voir ensemble, nous embrasser, nous tenir la main, être trop proches ou simplement complices. Ça n'est pas envisageable, parce que ça n'est pas respectable dans la communauté. Si deux jeunes se veulent, c'est simple, on les marie. Je sors rapidement de la chambre, je suis terrorisé à l'idée que quelqu'un nous ait vus ; pourtant, dans ma tête, je flotte sur un nuage. Je repars vite dans le jardin d'à côté, je reste à parler avec les oncles et les cousins de la belle-famille du Jessie, on prépare les grillades pour l'apéro. Je vis un feu d'artifice mais je ne montre rien, il ne faut pas que quelqu'un soupçonne l'amour qui est en train de naître.

Quelques jours passent sans qu'on puisse se retrouver seuls. Enfin, un début de soirée où on est assis tous les deux sur une marche de son perron, c'est elle qui pose la question essentielle. Je me souviens que malgré l'heure, le soleil tape encore fort : « Bon, Kendji, qu'est-ce qu'on fait maintenant, on se met en couple ou pas ? On fait quoi, là ? » Moi, je regarde mes pieds, je suis mal à l'aise, j'ai peur de dire « oui », peut-être parce que je sens déjà que mes sentiments me dépassent. Elle voit mon hésitation, je mets du temps à répondre, alors elle reprend, très fière « Si tu ne veux pas, c'est pas grave, je retrouverai quelqu'un d'autre, ça n'est pas un souci. » Mon cœur se contracte. Ça, je ne peux pas l'imaginer. C'est impossible qu'elle aille avec quelqu'un d'autre que moi. « Allez va, je réponds, on se met ensemble, toi et moi. »

Le 9 juillet, le mariage du Jessie est une fête magnifique. Pour l'occasion, Fidji propose qu'on s'habille elle et moi en blanc, de manière à être assortis. Ce soir-là, on ne danse pas ensemble, bien sûr, ça ne se fait pas devant les anciens, mais, de loin, on vit le début de notre histoire à l'ombre des vrais mariés. Arrive finalement le moment que je redoute. Mon départ. *Mamà*, quelle tristesse… On promet de s'écrire et de s'appeler le plus souvent possible. Mon cœur pèse lourd. Je lui dis seulement « Je reviens vite ». On doit rejoindre la mission avec mes parents, mais je sais qu'on reviendra à Villeneuve après l'été, à la rentrée ou en hiver, pour rendre visite à mon frère. Avec un peu de chance, il sera installé pas trop loin de chez elle. Au moment de partir, je m'assois à côté de mon père à l'avant du camion qui tracte la *campine*. Je mets des lunettes de soleil pour que le padre ne voie pas ma peine. Derrière la vitre, la route défile. On passe devant un lac, le Lougratte, où on avait été se baigner quelques jours plus tôt avec Fidji, ses sœurs et d'autres jeunes. C'était une journée incroyable… J'avais gravé nos initiales discrètement sur un arbre. J'y repense alors et les larmes coulent. On m'arrache au plus bel été de ma vie.

Fidji et moi, on est finalement restés trois ans ensemble. Cette histoire a accompagné mon adolescence. Entre nous, c'est un amour intense, passionnel et, surtout, interdit. On ne pensait pas à officialiser quoi que ce soit, on n'était pas du tout prêts à ça. Les années qui ont suivi ont été belles, parfois aussi très agitées. Comme souvent, à ces âges-là, tout était trop fort. Il m'est arrivé de faire plus de 40 kilomètres la nuit uniquement pour passer un peu de temps avec elle en secret. Je quittais mon terrain une fois mes parents endormis, j'avais pris l'habitude grâce aux virées nocturnes avec les cousins de m'échapper du camion en cachette ; je partais sur mon vélo et je pédalais à fond sur la nationale dans le froid et dans le noir. Une fois dans sa rue, j'escaladais le portail du voisin, je longeais son allée sur la pointe des pieds depuis le jardin d'à côté, pour que son père ne m'entende pas marcher sur le gravier. J'escaladais encore une barrière et j'avançais le plus silencieusement possible jusqu'à sa fenêtre, en veillant à ne surtout pas faire craquer des branches sous mes pas. Heureusement, elle dormait au rez-de-chaussée. Elle avait des volets blancs qui faisaient un bruit d'enfer. On mettait dix minutes à les ouvrir. Mais une fois contre elle, j'oubliais tout, la fatigue de la route, le manque, la peur d'être surpris ensemble. On était les adolescents les plus heureux du monde. Si son père m'avait trouvé là, il aurait pété les plombs. Et il aurait eu raison. L'affront était immense, les deux familles auraient pu se faire la guerre. Je partais de chez elle avant le lever du jour. Je reprenais mon vélo et je faisais la route inverse, glacé mais amoureux.

Bien sûr, avec le temps, les gens ont commencé à parler « T'as vu, le fils de la Carmen, il est amoureux… » C'est arrivé aux oreilles de mes parents. Ma mère voyait bien le soir que je passais des heures au téléphone « Mais qu'est-ce que tu fais avec cette fille-là ? Ça va bientôt finir ce manège ? » J'ai nié « C'est rien ça, c'est pas sérieux. » J'ai menti pendant des mois pour masquer mes sentiments. La mamà n'était pas dupe, elle voyait bien que je ressentais quelque chose de fort, on ne peut pas cacher son cœur à sa mère. Parfois elle s'énervait « Kendji, tu m'écoutes, je veux que tu laisses cette fille, tu es trop jeune ! » C'est la première fois qu'elle me mettait la pression. Et puis mon père a pris le relais, ils avaient parlé entre eux, il fallait vraiment que ça cesse. Un matin, on était sur le voyage, il m'a dit : « Petit, tu vas pas la laisser, ta copine ? Parce que ça commence à durer, j'espère que t'as pas l'idée de te marier avec ! » J'ai nié encore « Mon père, c'est rien va, c'est pas grand-chose. »

Pendant trois ans, chaque année, Fidji et moi on s'aimait encore plus, mais, peu à peu, il y a eu aussi des disputes. J'étais jeune et très impatient, et on vivait souvent loin l'un de l'autre. L'année de mes seize ans, j'ai entendu dire qu'elle avait embrassé un autre garçon. Elle me l'a confirmé. Ça m'a mis hors de moi. Surtout, ça m'a déchiré le cœur. Elle m'avait trahi. Ma fierté a pris le dessus, je lui ai dit « Allez ! Va ! Trace ta route ». Je l'ai quittée sur cette phrase. Ce premier amour est aussi beau que sa fin a été triste.

Chapitre 8

La música

Pendant ces mêmes années d'adolescence, je rencontre un tout autre amour, mais celui-ci, je ne l'ai jamais quitté. La guitare est dans la vie des gitans dès la naissance, elle nous suit partout, même si tout le monde ne sait pas en jouer. Elle est devant les caravanes à l'apéro, sur les terres d'accueil où on s'arrête sur le voyage, elle est autour des feux et des grillades, le soir, elle est à tous les anniversaires et à tous les mariages. Moi, j'ai appris à jouer à l'âge de douze ans sur la guitare de mon père, et je ne l'ai plus jamais posée depuis.

Déjà, à six, sept ans, j'aimais la musique, je chantais beaucoup, mais seulement en famille. En dehors de la *casa*, je restais timide. J'étais un peu la star de mes sœurs, de la Laetitia et de la Sophie, surtout. Elles me peignaient, m'habillaient, me faisaient danser, j'essayais de faire du break dance dans le salon. Elles sont mes toutes premières fans !

Je chantais du Johnny Hallyday, du flamenco, du Luis Mariano, du Dalida, je pouvais chanter aussi sur du reggaeton et les Gipsy Kings, bref, toutes les musiques que les gitans écoutent. Mais la guitare, c'est venu plus tard, jeune ado, quand je suis entré dans mon camion. Je me sentais devenir un homme, et l'homme qui m'impressionnait le plus était bien sûr le padre. Je voulais prendre exemple sur lui. Il jouait chaque soir, après le dîner, et vraiment très bien. Les gens l'appelaient pour qu'il vienne faire la *música* pendant les fêtes et les cérémonies. Sur le voyage, il veillait toujours près du feu avec sa guitare dans les mains. Alors, un soir du mois de janvier 2008, je suis allé le voir. On était sur le terrain de Saint-Astier et on allait bientôt se remettre en route pour sa tournée de clients. Après le dîner, dans le petit Algeco où on mangeait, pendant qu'il grattait ses cordes assis sur le canapé, je lui ai demandé : « Mon père, est-ce que tu peux m'apprendre à jouer ? » Il m'a répondu simplement : « Je me suis appris tout seul, fils, t'as qu'à faire pareil. »

Sur le moment, ça m'a terriblement vexé et je suis parti me coucher. J'ai pensé qu'il ne m'en croyait pas capable. Ou qu'il n'en avait pas envie. Avec le recul, je pense surtout qu'il n'avait pas de temps pour ça. En dehors des matinées de travail qu'on passait parfois ensemble, on partageait peu de moments en tête à tête. Il avait beaucoup de choses à faire, de gens à voir. Mais, très vite, ma fierté a pris le dessus. Je me suis mis sur sa guitare, une belle Camps en citronnier. J'ai commencé à la lui prendre chaque fois qu'il partait travailler. Au début, ça sonnait mal, je mettais beaucoup de temps à poser mes doigts aux bons endroits sur les cordes, à les pincer avec la main droite en même temps. C'était décourageant, mais j'étais pris par la fierté d'y arriver. Mon but était d'impressionner le padre, il n'était pas question de renoncer. Du jour au lendemain, cette année-là, j'ai mis la guitare au centre de ma vie. C'est devenu une obsession, mon plus grand défi. J'y passais des heures, à m'en faire saigner le bout des doigts. Je regardais des vidéos sur mon portable, j'essayais en boucle de trouver les bonnes notes et de jouer des chansons des Gipsy, des versions plus simples pour commencer. Je n'allais pas voir les cousins sur le camp, je restais là, collé à la *campine*, à ne faire que ça, du réveil jusqu'au soir. Je délaissais ceux qui venaient me voir, je leur disais « Non, je travaille ma guitare ». J'ai fait ça pendant des semaines : reprendre les accords, encore et encore, jusqu'à ce que j'y arrive.

Au bout d'un mois, le premier morceau que j'ai réussi à jouer, c'est une chanson instrumentale, sans chant, qui s'appelle « Pharaon », des Gipsy Kings. Je me suis entraîné dessus une journée entière. Le soir, j'ai attendu que mon père se pose dans la caravane et je me suis approché pour lui jouer. Il m'a écouté attentivement. À la fin du morceau, il a dit : « *Michto* mon fils, tu joues très bien. Je suis fier de toi. » J'avais réussi. Comme lui, moi aussi je m'étais appris tout seul…

Mais il n'était plus question de m'arrêter là. Jouer de la guitare me plaisait énormément. Petit à petit, j'arrivais à reprendre des accords, à refaire des mélodies, à être à l'aise. La main gauche bougeait plus vite, la droite aussi, elles étaient mieux coordonnées. J'ai commencé à rajouter la voix pardessus. Sur le camp, les cousins m'encourageaient, ils venaient m'écouter, ils me demandaient d'essayer des chansons qu'ils aimaient bien. Pour les premières reprises, je me souviens de « La Bohème » et de cantiques gitans. Je cherchais les notes le soir et je leur jouais le lendemain. Je faisais toutes les musiques à la sauce gitane, avec ce rythme qui nous est particulier. Je retrouvais les accords et les lignes mélodiques de plus en plus vite et facilement. Il suffisait que j'écoute un morceau pour le reproduire plus ou moins bien ensuite. La guitare ne quittait plus mes mains. On avançait sur la mission et je me disais qu'à la rentrée, j'allais aussi montrer mes progrès au Bryan, mon cousin sédentaire de Saint-Astier. Il allait péter les plombs ! Lui, il chantait et il jouait déjà très bien, alors qu'on avait le même âge. Il m'avait vu commencer la guitare juste avant que je parte sur la route, et je voulais vraiment l'impressionner à mon retour. Je me suis entraîné tout le printemps et tout l'été. Une fois rentré, cet automne-là, on s'est posés devant mon camion, j'ai pris la guitare, j'ai commencé à jouer un cantique. Le Bryan m'accompagnait avec sa guitare à lui, mais je faisais le solo. En me voyant faire, il est resté par terre. Il avait l'air émerveillé. Il m'a félicité, ça m'a fait chaud au cœur.

Deux ans après mes premiers accords, je me suis fait une petite notoriété chez les gitans, surtout chez les gitans de mon âge. Je jouais sur les terrains de Saint-Astier et sur le voyage, je grattais des heures assis devant mon camion et je jouais le soir, autour des feux, pour amuser les petits et pour faire plaisir aux vieux. On commençait à me dire que j'étais doué. Pendant les missions, les jeunes lançaient « Appelle le Kendji ! Dis-lui de venir jouer ce soir ! », j'aimais beaucoup ces ambiances-là. On me donnait des listes de chansons à faire. Johnny restait un incontournable, avec le plus souvent « L'Envie », « Vivre pour le meilleur », « Marie », je trouvais les accords à l'oreille et je rajoutais ma touche gitane. À force de m'entraîner, je savais quel accord venait après l'autre, naturellement. Un soir, j'étais posé près des *campines* avec les cousins, et, pour rire, parce que je ne savais pas quelle nouvelle chanson leur jouer, j'ai improvisé une version gipsy d'« Une souris verte ». Franchement, la reprise était bonne, mes cousins ont craqué ! Le lendemain sur la mission, ça ne parlait que de ça, tout le monde voulait l'entendre. On m'a alors donné mon premier nom d'artiste… « Souris verte » ! Pendant des semaines, dans les 300 caravanes qui étaient sur le voyage, on m'appelait comme ça. Heureusement que j'ai changé de nom de scène après, je n'aurais sans doute pas eu la même carrière !

Et puis une nouvelle émission voit le jour. Au printemps 2012, sur le camp, on est nombreux à regarder *The Voice*. C'est la première saison, faut dire que le concours est dingue avec les auditions à l'aveugle et les fauteuils qui se retournent. La famille et les amis commencent à me faire des allusions : « Toi, le Kendji, si tu fais *The Voice*, tu gagnes direct ! » Je ne réponds pas, ou seulement pour dire : « Tu parles va… Je tiendrai pas une chanson là-dedans. » J'ai quinze ans, mon avenir c'est d'être élagueur comme mon père, et ça me rend très heureux. Je ne vois pas de gitans connus à la télé, ce monde me paraît tellement loin, trop loin de qui je suis, de ma façon d'être et de parler. À part les Gipsy Kings qui sont un modèle partout dans le monde, moi, de gitan, je n'ai vu que le

Gaël de la *Star Academy*, un jeune qui avait fait cette autre émission, des années plus tôt, en 2003 ou 2004. Je me souvenais bien de son parcours, à l'époque, j'avais sept ou huit ans. Gaël allait gagner, il était parmi les favoris, on parlait de lui dans les familles et les caravanes. Mais il a eu peur de la victoire, alors il a quitté l'émission du jour au lendemain avant la finale. Dix ans plus tard, j'ai appris que c'était lui qui avait donné mon numéro à la production de *The Voice* pour me faire participer. Ce garçon-là, je ne l'ai pourtant jamais rencontré. Mais c'était sans doute plus facile pour quelqu'un de la communauté de retrouver mon contact que pour un *gadjo* de Paris !

La même année, en 2012, je commence aussi à jouer dans les bars. On m'accueille bien, les gens dansent. La guitare, ça devient alors la fête, les rencontres faciles, ça accompagne les soirées tard dans la nuit. Les patrons sont contents : grâce à nos chansons, les clients s'amusent, on peut rester jusqu'à la fermeture, à se faire offrir des verres. Je ne gagne pas d'argent avec la musique, je n'y ai même jamais pensé, ça fait juste un petit billet par-ci par-là, de longues soirées gratuites à consommer sans payer, et beaucoup de rencontres sur les places des villages ou à la plage quand on est dans le sud de la France. Les grands cousins m'emmènent partout avec eux. Ils sont fiers d'être autour de moi, l'attention est sur nous et ils ne payent rien non plus ! La *música*, pour moi, c'est vraiment ça : du partage. Voir quelqu'un sourire quand je chante, ça m'a toujours rendu très heureux.

J'ai enfin eu ma première guitare à l'âge de seize ans. C'est l'hiver, on est sur le camp des Gilets à Bergerac, une terre d'accueil pour les gens du voyage. Je fais alors beaucoup de boxe avec un entraîneur qui s'appelle Thierry. Un homme formidable, sincère, toujours compréhensif, qui vit en caravane près de chez nous. Je m'entraîne régulièrement avec lui, dans une salle à côté des *campines*. Le Thierry, il a une très belle guitare, avec une bonne acoustique ; il apprend à en jouer, mais il me la prête toujours après les entraînements. On se pose près de sa caravane avec d'autres gitans, des cousins, et je joue là longtemps. À force de passer du temps ensemble, cet hiver-là, une amitié se forme. Un jour, je lui demande « Mon Thierry, tu veux pas me la vendre ta guitare ? Elle sonne vraiment très bien ». Il me répond « Non, Kendji, je vais pas te la vendre, je vais te la donner ».

Moins d'un an plus tard, c'est avec cette guitare-là que je me suis fait connaître du grand public dans une vidéo devenue virale sur les réseaux…

Chapitre 9

Une vidéo et tout bascule

C'est l'été 2013, on est installés à Aix-en-Provence, je viens de fêter mes dix-sept ans. Il est tard mais il fait encore chaud, on glande un peu avec mes cousins Bryan et Dylan devant mon camion en écoutant de la musique. L'album *Subliminal* du chanteur Gims est sorti quelques mois plus tôt. C'est la première fois qu'il fait un album solo, sans son groupe de rap, la Sexion d'Assaut. Rapidement, je connais toutes ses chansons par cœur. Il y a surtout ce morceau, différent de tous les autres, « Bella ». Il sonne moitié rap – moitié gipsy, avec un rythme reggaeton, c'est mon préféré. Depuis des semaines, il est diffusé partout, en soirée, en boîte, sur les routes, sur les plages. Ce soir-là, en entendant « Bella » passer à la radio, un des cousins me dit « *Mamà*, cette chanson tu pourrais la faire Kendji ? », je lui réponds « Oui ! J'y ai pensé moi aussi, t'as raison, j'vais essayer ». Le lendemain, je commence à chercher les accords, je chante la mélodie, je rajoute une touche gipsy sur ma guitare. Je retrouve mes cousins et je leur fais écouter ma version. Ils s'emballent et ils en parlent autour d'eux. Les jours d'après, je la joue aux autres, ça leur plaît aussi, je suis bien content.

À la fin de la semaine, on quitte le sud de la France avec les *campines* pour rendre visite à mon grand-père, mon Papou, qui est sur un emplacement près de Bergerac. En arrivant, mon oncle Torsalin vient me voir « Kendji, je t'ai entendu jouer la chanson du Maître Gims à la guitare, fais-la moi, je te filme, et on la met sur Internet. » Depuis des mois, beaucoup de mes cousins faisaient des concours de « J'aime » avec leurs vidéos de sport sur les réseaux. Celui qui en récoltait le plus avait gagné. Alors, ça travaillait les pecs et le bronzage à fond pour se prendre en photo et jouer les beaux gosses. J'avais envie de faire comme eux, mais je n'avais pas encore de compte Instagram et j'étais un peu plus réservé. La proposition de mon oncle me donne alors une idée. « Ah je sais comment je vais les battre, je vais faire une chanson ! » Avec ça, je me dis que je peux faire au moins 1 000 ou 2 000 « J'aime ». Mon oncle me filme, je me mets torse nu pour avoir toutes les chances de mon côté. Ça se voit sur la vidéo que je n'ai pas l'habitude d'être filmé, je joue de la guitare et je chante sans jamais regarder la caméra. Je suis debout devant un champ, on entend un chien aboyer à côté de moi, la caravane est tout près, c'est vraiment une vidéo 100 % *gitano* ! Je la poste juste après sur Facebook avec mon petit Samsung blanc de l'époque… et je n'y pense plus.

Mais le soir même, des cousins m'envoient des messages. « Kendji, ta vidéo c'est une dinguerie ! » Il est tard, on a fait beaucoup de route dans la journée pour retrouver mon grand-père. Moi, je suis fatigué, je ne comprends pas bien leur emballement, je me dis juste que la chanson doit leur plaire. Il faut dire qu'à ce moment-là je ne savais même pas qu'une vidéo pouvait faire le tour de France. Je pensais qu'en postant la chanson sur Facebook, elle resterait là et que seuls les amis abonnés à mon compte pourraient la voir. Je pars me coucher sans trop m'y intéresser.

Le lendemain matin, devant mon camion, j'entends que ça parle fort, que ça s'agite près de ma porte. Les cousins me sautent dessus avec les téléphones dès que je mets un pied par terre : « Regarde !! T'as fait le million de vues !! » J'ai du mal à saisir, je viens à peine d'émerger, ils font de grands gestes, ils sont surexcités. Certains débattent déjà de combien je vais gagner. « C'est 1 euro le vu ! T'imagines ? Tu vas gagner une fortune avec ça ! » Là, pour le coup, je commence moi aussi à m'enflammer. Je me réveille à peine et on me dit que je suis devenu millionnaire pendant la nuit ! On additionne sur le portable pour compter les sous ensemble, on se chauffe, on parle tous en même temps. On ne pense pas une seconde à la vidéo, à en tourner une deuxième, à se dire que quelqu'un va peut-être me repérer ou que c'est le début d'une carrière. On est très loin de ça. On a tous entre quinze et vingt ans, on est juste fous d'imaginer qu'on va gagner autant d'argent ! Moi, très vite, je n'ai plus qu'une question en tête : comment les gens d'Internet vont faire pour me donner mes sous ? Je suis nomade, je vis dans la *campine*, je n'ai pas de boîte aux lettres, je n'ai pas de compte bancaire… Et je réalise alors qu'ils n'ont même pas mon vrai nom, « Maillé ». Deux ans plus tôt, j'avais perdu les identifiants de mon premier compte Facebook, alors j'en avais ouvert un nouveau au nom de ma mère, « Girac ». C'est pour ça que je suis devenu connu sous son nom à elle : une simple histoire de mot de passe oublié… Après quelques heures d'agitation, je finis par lâcher l'affaire sur cette histoire d'argent et je pars faire mon sport sur la place de Bergerac.

Un jour, puis deux jours passent, les vues augmentent encore. Des gitans de la France entière appellent mon père, ça parle de moi partout. La situation m'amuse, mais je ne veux pas y attacher trop d'importance... Pourtant, ce soir-là, alors que je rentre chez moi, mon portable sonne, c'est un numéro que je ne connais pas. Un homme se présente, je comprends que c'est un gars qui a un lien avec le Cirque Bouglione, il est gitan comme moi, mais très éduqué :

— Bonjour, je suis producteur, je vous propose 50 000 euros et un album. Je vous emmène à Cuba et on enregistre quelques chansons. Est-ce que ça vous intéresse ?

Je reste silencieux au téléphone, je ne sais pas trop si c'est une blague, le monsieur a tout de même l'air sérieux. Je ne sais pas non plus ce que c'est qu'un producteur, je retiens juste Cuba et le très gros chèque. La voix au bout du fil répète sa proposition, je finis par bafouiller :

— Bah écoutez monsieur, c'est très gentil, mais je sais pas si je peux partir, mes parents voudront jamais me laisser aller aussi loin.

— Aucun problème, bien sûr, vous pourrez amener vos parents avec vous.

Je raccroche et fonce dans la *campine* les trouver. La mamà se fige. Elle parle avec mon père, la réponse est claire : « Non, non, fils, tu vas pas faire ça. » On refuse par la simple peur de l'inconnu. Pas parce qu'on veut faire autre chose ou attendre d'autres propositions. Il n'y a aucune réflexion, aucune stratégie, d'ailleurs on ne pose aucune question à ce monsieur. Je pense même que sur le moment, on a cru qu'on devait partir vivre là-bas. Pour toujours ! On est gitans, on aime le voyage, mais pas si loin, pas comme ça, pas tout seuls. C'était impossible pour nous, d'imaginer nous installer à l'autre bout du monde.

Je suis soulagé par la décision de mes parents. Cet appel m'a stressé. Je n'aime pas trop la tournure que cette histoire est en train de prendre. Je commence tout juste à me détendre quand un autre producteur m'appelle. Cette fois, c'est Gérard Louvain. Je sais aujourd'hui qui il est, bien sûr, mais au moment du coup de fil, je n'en ai pas la moindre idée. Lui aussi il a une voix assurée, comme si la discussion était normale. Il me propose encore un chèque, je crois plus gros que le premier, et deux albums. Avec mes parents, on répond pareil « C'est gentil, mais non merci. » On ne comprend pas ce qui se passe. Et comment ces gens trouvent tous mon numéro ?

La soirée file, je laisse mon téléphone loin de moi, je crains qu'on m'appelle encore. Plus rien. Mais le lendemain, je suis avec mes parents sur le terrain, ça sonne de nouveau. Je mets sur haut-parleur pour qu'ils écoutent :

— Bonjour, je suis Bruno Berberes, le casteur de l'émission *The Voice*. J'ai vu votre vidéo. J'aimerais beaucoup vous proposer de passer les castings pour la prochaine saison.

Là, ma mère écarquille les yeux et le padre redresse la tête : *The Voice*, ils connaissent. Et ils adorent. Je me sens plus en confiance moi aussi, donc je demande :

— Mais comment vous faites tous pour trouver mon numéro ?

— En ce qui me concerne, c'est un ami de Marseille qui connaît un gitan. Il nous a aidés à retrouver votre contact suite à la vidéo que vous avez postée.

Le gitan en question, c'est le fameux Gaël de la *Star Academy*. Bruno Berberes me parle aussi d'une belle somme, mais seulement si je gagne la finale. Je raccroche et je me tourne vers mes parents.

— Ça m'intéresse pas. J'ai rien à faire là-bas, et je veux pas partir d'ici.

Mon père se montre plus intéressé que pour les autres coups de fil. *The Voice*, ça fait deux ans qu'il regarde, il pense que c'est une bonne idée. La mamà s'emporte. Elle se met à crier sur lui :

— Mais allez va ! Il va partir où mon petit ! Je veux pas ! Je veux pas qu'on l'emmène, il reste à la *casa* ici !

Le padre rigole, il la taquine, mais je sens qu'il est aussi sérieux :

— Il va pas partir seul, ton fils, j'irai avec lui. C'est *The Voice*, ça pourrait être la fierté de chez nous. Tu l'imagines, là, dans la télé ?

Moi j'ai trop peur. Je rappelle le Berberes sans attendre la fin de leur discussion, et je lui dis :

— Merci, mais je préfère pas.

— Vous savez, monsieur Girac, participer à l'émission, c'est comme jouer au loto. Vous n'avez rien à perdre, mais vous pouvez gagner gros.

Cette phrase me fait réagir. Elle fait écho à une scène qui m'a profondément blessée, quelques semaines plus tôt…

Voilà quelque temps que je suis proche de Shanone, retrouvée par hasard sur le voyage. Elle et moi, on était dans la même classe, celle des gitans, des années plus tôt à Périgueux. Pourtant, quand on se croise sur une mission huit ans plus tard, je ne la reconnais pas tout de suite. Faut dire qu'à l'école elle ne s'appelait pas Shanone, mais Marianne. Les gitans n'ont pas forcément le même prénom entre les papiers et la vie quotidienne, c'est un peu comme si les prénoms eux aussi étaient nomades. Les papiers, ça compte moins que ce qui est dans le cœur. Entre nous, il est fréquent d'avoir plusieurs prénoms, ou un surnom qui devient le prénom d'une personne. Moi, par exemple, sur mes papiers, je m'appelle aussi Jason. Mais tout le monde m'a toujours appelé Kendji. Ma sœur Laetitia, en réalité elle s'appelle Kelly. Et j'ai un cousin, depuis des années, on l'appelle Wy. Même ses parents. Pourtant, son prénom à la base, c'est Pascal ! Eh bien, Shanone, à l'école primaire, c'était Marianne.

Elle et moi, on se plaît dès qu'on se revoit. Alors, sur le camp, ça commence vite à parler. La rumeur court entre les caravanes : « Les petits, ils se veulent. » C'est vrai, notre complicité est évidente, on ne cherche même pas à la cacher. Parler avec elle m'apaise, et je sais que mes parents seront d'accord pour cet amour-là. Nos pères s'apprécient depuis longtemps, le sien est très respecté dans la communauté parce qu'il a bien réussi. Shanone porte toujours de beaux habits, des vêtements de marque et une Rolex au poignet. Projeter de me marier avec elle revient à intégrer une bonne famille, surtout une famille nomade qui partage les mêmes valeurs que la mienne.

Mais si mes parents se réjouissent de ce rapprochement, en ce début d'été, j'ignore alors que le père de Shanone, lui, pense tout l'inverse. Quand les choses commencent à se savoir pour sa fille et moi, il s'emporte et lui dit : « Je ne veux pas de gratteur de guitare et d'élagueur à la maison ! » Les rumeurs se déplacent vite sur un camp gitan, il n'y a pas beaucoup de murs entre nous. Cette phrase arrive aux oreilles du padre… Un matin où on part travailler tous les deux, il m'en parle, il a un air fermé. Il ne me dit rien de sa déception, il veut simplement me prévenir que le mariage risque d'être plus compliqué que prévu et qu'il est désolé pour moi… Je suis choqué. J'appelle tout de suite Shanone qui ne me cache pas la vérité. « Oui, mon père a dit ça. Mais c'est pas lui qui se marie avec toi, Kendji. Moi, je t'aime et j'aime ta famille, j'ai pas besoin qu'elle soit plus riche, je veux manger avec vous au bord des feux. » Il est vrai que son père à elle se tient à l'écart des grillades et des odeurs de fumée. Ma fierté en prend un sacré coup, j'ai trop de mal à dépasser le mépris de son père pour nous. Finalement, la distance s'installe entre Shanone et moi, puis je finis par la quitter. Ce qui est triste, c'est que d'une certaine manière, c'est à elle que j'ai fait payer les mots de son père. Du moins, sur le moment. Parce que l'histoire ne s'arrête pas là…

Mais revenons d'abord à cette fin d'été 2013. Sans le savoir, Bruno Berberes, le casteur de *The Voice*, vient de viser juste avec sa phrase. Je n'ai rien à perdre, tout à gagner. Je raccroche encore, je regarde mes parents. Je pense alors à mes dix-sept ans, aux paroles du père de Shanone sur mon petit avenir d'élagueur… Je me dis que c'est l'occasion de montrer que moi aussi je peux rendre fière ma famille, surtout le padre, et rapporter des sous. Si je dois travailler tôt le matin pour repeindre des murs et couper des arbres, pourquoi pas accepter une somme incroyable pour simplement faire la *mùsica* à la télévision ? Je me tourne cette fois vers ma mère :

— Mamà, qu'est-ce que je dois faire ?

— Va, fils... Dis oui.

Trois ans plus tard, je fête mes vingt ans. Entretemps, je suis devenu connu, j'ai sorti mon premier album, commencé ma tournée, le succès a forcé ma porte. Les anniversaires chez les gitans, c'est toujours un moment incroyable. Mais, là, je veux vraiment frapper fort et organiser une soirée inoubliable. J'en ai maintenant les moyens. C'est le début de l'été, je privatise un château magnifique à Strasbourg, j'invite 400 personnes. Je prépare mon arrivée en Porsche, dans un costume rouge bordeaux, avec Soraya à mon bras, qui deviendra la femme de ma vie et la mère de mes enfants. Quand je sors de la voiture sur le parvis du château, tout le monde tombe par terre, j'incarne la réussite totale. Je suis l'homme le plus fier du monde. À l'intérieur, la réception est somptueuse, la décoration magnifique, tout est grandiose. Les gens commencent à boire du champagne, à chanter, à s'amuser. Il y a à manger partout, du foie gras, des fruits de mer, des grillades, de la nourriture pour plusieurs générations ! Je me réjouis de voir mes amis et ma famille profiter de cette belle soirée. Je passe de table en table pour remercier mes invités d'être venus. Les anciens me félicitent, les plus jeunes me demandent des photos, c'est un moment de reconnaissance très important pour moi. Je n'ai jamais rêvé si grand, je ne suis même pas sûr que tout ça soit réel. Pour l'occasion, parmi les nombreux convives, j'ai invité Shanone et ses parents. Malgré notre séparation trois ans plus tôt, nous sommes restés en bons termes elle et moi, et mon père n'a jamais fait savoir au sien qu'il était au courant de ce qu'il avait dit. Le padre n'est pas un homme à histoires : s'il était allé le voir pour contrer l'humiliation, il aurait été obligé de se battre. Chez les gitans, on n'a pas le calme dans le corps pour pouvoir seulement s'expliquer. Soit tu ne dis rien, tu prends sur toi, tu restes silencieux et digne, soit tu y vas, tu te confrontes, et ça peut partir loin. C'est comme ça que certaines familles sont en guerre les unes contre les autres pendant des années. Je m'approche alors du père de Shanone, assis à une table, et je le salue. Il me dit, visiblement impressionné : « *Mamà !* Vraiment c'est beau ce que tu as fait là Kendji, c'est très beau ! » Moi, avec un petit sourire au coin des lèvres, je me penche vers lui et je lui réponds : « T'as vu hein, c'est pas si mal pour un petit élagueur… »

Chapitre 10

Quand le bonheur côtoie la peine

Deux jours après l'appel du directeur de casting, on remballe les affaires et on repart sur le voyage. On avait juste fait un crochet quelque temps à Bergerac pour voir la famille. On se met en route direction Poitiers, on doit rejoindre la mission qui touche bientôt à sa fin. Depuis que j'ai accepté *The Voice*, je suis stressé. Le rendez-vous est dans plus d'un mois à Paris, le temps me paraît court et long à la fois, je ne sais pas ce qui m'attend là-bas. Pendant qu'on roule en direction de l'ouest, dans la Vienne, le padre me rassure « Tu prendras la guitare et tu chanteras comme tu fais ici sur le camp, c'est tout. » Sa tranquillité me fait du bien, il n'a pas l'air inquiet pour moi et je me dis aussi qu'il sera à mes côtés tout le temps.

Quand on arrive, je retrouve les cousins sur l'emplacement, ils sont au courant pour le casting, ils m'attendent tout excités. « Le Kendji est là !

Michto pour le *The Voice* ! » Leur enthousiasme me gagne, je me chauffe avec eux. « À Paris, je vais les faire danser comme je sais faire dans les bars ! » Les jours qui suivent, entre les caravanes, tout le monde ne parle que de ça. Certains se réjouissent, d'autres n'y croient pas du tout, « Mais non, c'est pas vrai, le petit il va pas y aller à la télé… », l'histoire leur paraît folle. Faut dire qu'elle l'est.

Une première semaine passe sur le terrain de Poitiers. Je reprends le cours de ma vie, je me détends au fil des jours, je pense de moins en moins au casting qui m'attend. Mais le 15 août, une terrible nouvelle percute tout. Mon Papou, mon grand-père paternel, vient de mourir. Un œdème pulmonaire. Il avait tout juste soixante-treize ans. Sa mort est très brutale. À peine quelques jours plus tôt, j'étais encore avec lui sur le terrain de Bergerac, à l'embrasser devant sa *campine* et à lui jouer des chansons sur ma guitare. J'allais le voir tous les matins dans sa caravane, posée sous un arbre dans un endroit merveilleux. Son emplacement, on aurait dit un petit coin de paradis. Il ne voyageait plus depuis que la Nona, ma grand-mère, avait fait un anévrisme et perdait peu à peu son esprit. Ça faisait un an qu'ils s'étaient posés tous les deux en Dordogne. Mon Papou était de Neuvic à la base, près de Saint-Astier. Mais il avait des origines italiennes, sa famille était du Piémont. Dans cette partie de l'Europe, on nomme ces gitans-là les Sinti. Il a été ferrailleur toute sa vie. Il faisait aussi les paniers en osier ou il réparait les chaises. C'est lui qui a appris le travail à mon père. Je lui chantais souvent des chansons, il aimait beaucoup que je vienne le voir, ça lui mettait le sourire. À moi aussi.

On a plié bagage le jour même pour repartir à Bergerac. Le padre est resté silencieux tout le trajet. On s'est remis exactement sur l'emplacement où j'avais fait la vidéo quelques jours plus tôt. C'était très dur de perdre mon Papou, parce que je l'aimais énormément et qu'il était mon seul grand-père, le père de ma mère étant décédé des années plus tôt. Mais ça l'était encore plus de le perdre à ce moment-là. C'était trop d'émotions contrastées en quelques jours. L'excitation, la joie de la *familia* autour de ma chanson, balayées d'un coup par la peine. On était avec mon Papou à Bergerac quand tout s'est emballé sur ma reprise de « Bella ». Sur le moment je n'avais pas osé lui jouer. Pour moi, cette chanson c'était un peu du rap, j'avais peur qu'il la trouve vulgaire. J'ai appris plus tard qu'il avait vu lui aussi la vidéo. Il a dit que c'était incroyable comment je chantais et que c'était la fierté de me voir frapper la guitare comme ça. Il l'a dit à des cousins qui me l'ont rapporté. Je regrette tellement… J'aurais aimé qu'il me voie dans sa télé. Ma fierté aurait été plus grande encore de savoir qu'il me regardait avec la Nona, depuis leur *campine* à l'ombre des arbres.

Les morts, chez les gitans, c'est très important. Tout le monde se rejoint, des quatre coins de la France. En apprenant son décès, près de 400 personnes se sont mises en route pour se rassembler autour de lui. Les jours qui précèdent les obsèques, on veille près du corps. La plupart des gens s'habillent de noir, mais ça, c'est assez libre. Mon père par exemple ne l'a pas fait, il s'habillait pareil que d'habitude. En revanche, ce qui est essentiel, c'est de respecter celui qui part et la douleur de sa famille. Sur le camp, pas de musique, pas de télé, on parle bas, on ne rit pas. La mort est un moment sérieux qu'on entoure de silence.

Quand on arrive, mon père ne pleure toujours pas. Pas devant moi, en tout cas. Je le vois concentré, il branche les affaires de la caravane, il installe les équipements, déplie la table, les chaises, des gestes que je lui connais par cœur. Mais cette fois, son air est grave. Pas un mot, pas une larme. Il n'y a rien qui passe. Mon Papou repose sur la place juste à côté, il y a seulement un petit talus qui sépare les deux terrains. Moi, à peine arrivé, je fonce le voir. Chez les gitans, on visite les morts, on les accompagne, on ne les fuit pas. Je suis bouleversé de le trouver comme ça, allongé sur son lit, immobile, alors que j'étais avec lui moins d'une semaine avant et qu'on riait ensemble. Mon cousin germain se tient à côté de moi. On ne se parle pas mais il doit ressentir que j'ai mal. Mon père reste de l'autre côté de la butte ; il retarde le moment, il n'est pas encore prêt. Je reviens près de lui, le pas lourd. Il continue de s'affairer pour installer le camp. Mon cousin me suit pour aller le saluer. Le padre redresse enfin la tête, la tristesse que je lis à cet instant dans son regard me sidère. D'une voix grave, il murmure : « Dis-moi petit, il est où mon père ? » et il s'écroule au sol.

Il pleure de tout son cœur. Sur ses joues, les larmes sont tellement grosses qu'elles se mêlent à sa crème solaire, une crème épaisse qu'il met souvent l'été. Ça dessine de longues traînées blanches sur son visage. Je sens dans ma poitrine que ça me déchire. De voir mon père aussi désarmé, écrasé par sa peine, ça me fait une douleur que je ne sais pas écrire. Je me souviens qu'à ce moment-là je n'ai pas osé le prendre dans mes bras. J'en avais envie, je me suis approché de lui quand il était à terre, mais je n'ai pas su quoi faire. Je ne sais pas s'il aurait accepté ce câlin ou s'il m'aurait dit « Laisse-moi, fils, pousse-toi ». La mamà s'est approchée à son tour, une tasse de café pour lui à la main, elle savait qu'il n'y avait pas de mots à la hauteur. On reste très pudiques chez les gitans, dans ma famille surtout.

La veillée dure trois jours. Il y a beaucoup de feux de camp, les gens se recueillent le jour et la nuit autour de la *campine* du Papou. La Nona ne se rend pas bien compte du départ de son mari, ces derniers mois elle a de plus en plus la tête ailleurs. Elle le cherche en répétant « Il est où, il est où ? » Ce n'est peut-être pas plus mal qu'elle ne réalise pas, ça lui aurait brisé le cœur. Et puis l'enterrement se fait au cimetière d'à côté, dans le grand caveau de famille. Ça n'est pas la première fois que je viens ici dire au revoir à quelqu'un que j'aime…

Des années plus tôt, j'avais neuf ou dix ans peut-être, j'ai perdu ma première petite nièce, la fille de ma sœur Sophie. Elle était née prématurée, avec de grandes difficultés à respirer. Les mois qui ont suivi sa naissance, elle devait rester dans un centre médical dédié aux enfants malades. J'allais la voir toutes les semaines avec ma mère. J'étais très heureux d'être un si jeune tonton, j'avais hâte de la choyer et de lui apprendre plein de choses. Je ne mesurais pas bien ses problèmes de santé et ce qu'elle devait endurer pour survivre.

Elle a fini par mourir, elle avait un an. La vie s'est arrachée d'un coup. Je me souviens de la veillée organisée pour elle, du silence épais comme un brouillard tout autour de la caravane et des cris des *mamàs* qui parfois fendaient l'air. Je me souviens des pleurs de ma mère et de la douleur impossible de ma sœur. Surtout, je garde l'image du visage endormi de ma nièce et de sa dernière tenue dans son tout petit cercueil blanc. J'ai pleuré dans une bible et je l'ai glissée près d'elle. Pour qu'elle ne soit jamais seule, toujours accompagnée de Dieu. *Que Déu la beneeixi…*

Sa mort m'a peut-être donné une sensation de courage, les années d'après. J'ai souvent pensé qu'elle me regardait, qu'elle n'était pas loin. Et la religion m'aide, dans les moments trop difficiles à traverser. Depuis tout jeune, je prie beaucoup. Je me suis détourné un peu de la religion à l'adolescence, et aussi quand la notoriété m'a ouvert d'autres portes. La fête a plus d'une fois pris le dessus dans ma vie. Mais j'ai toujours eu cet amour de servir Dieu et cette crainte de savoir que si on ne le sert pas, on s'en éloigne et on peut aller en enfer. Déjà, à quatorze, quinze ans, quand j'ai commencé à sortir tard le soir, je priais en rentrant dans mon camion avant de m'endormir. Je demandais pardon, je savais que j'avais passé ma soirée dans des endroits sans la présence divine. Ça m'a fait ça toute ma vie, ressentir l'importance de ne jamais être une mauvaise personne, de ne jamais le devenir.

Quand on était sur le voyage, j'allais très fréquemment à la Réunion. La Réunion, c'est une grande tente, un immense chapiteau blanc qu'on construit dans le camp chaque fois qu'on s'installe quelque part. C'est là qu'on fait les prêches, qu'on chante les cantiques, qu'on peut se rassembler pour prier. C'est comme une église nomade. Pour les gens du voyage, quand on dit « église », c'est vraiment l'église en pierre, bâtie dans la ville ou le village. Celle qui ne bouge pas depuis des siècles. La Réunion, c'est celle qu'on emporte partout avec nous. Il y a sept ou huit pasteurs par mission. Tous les soirs, de 20 heures jusqu'à 22 heures, après le dîner, ceux qui le veulent peuvent venir se rassembler sous le chapiteau pour prier. C'est aussi pour ça qu'on mange toujours tôt.

Ce ne sont pas mes parents qui m'ont tourné vers la religion. La mamà prie régulièrement, mon père moins. Je pense qu'il est proche de Dieu au fond de son cœur, mais il n'en parle pas. Mes frères et sœurs aussi sont croyants. Le Jessie, surtout, à quinze ans il s'est fait baptiser ; depuis, il va à la Réunion tous les soirs. Moi, c'est en écoutant les cantiques que la foi m'a vraiment touché. Elle est née de la musique. D'ailleurs, encore aujourd'hui, j'aime chanter des cantiques dans chacun de mes albums. Contrairement à mon frère, je ne suis pas encore baptisé, je veux faire les choses bien, quand je me sentirai prêt. Si je passe par les eaux du baptême, je ne veux plus être influencé par les choses du monde : ne plus boire d'alcool, ne plus sortir en boîte. Parfois je me questionne aussi sur ma vie d'artiste. Monter sur scène, être dans la lumière et applaudi, c'est un contresens à l'humilité et aux valeurs de la Bible et de toutes les religions. D'un autre côté, quand je regarde mon parcours, je me dis que c'est Dieu qui m'a mis sur cette route, qui m'a fait rencontrer le public et aimer cette vie-là.

Il y a une histoire que je n'ai jamais racontée à personne. On pourrait avoir du mal à me croire. Moi-même, parfois, je me demande si je ne l'ai pas rêvée. Mais le padre était là, avec moi, il est témoin de cette scène incroyable… Ça s'est passé l'été de mes seize ans, pile un an avant *The Voice*. On était en famille sur la mission, à Givors précisément, je travaillais avec mon père. On revenait de chez des clients en début d'après-midi, l'un d'eux avait annulé la réparation d'une toiture qu'on devait faire, on était un peu dépités de ne pas avoir gagné les sous qu'on espérait. Sur le trajet retour, pendant qu'on roule, je regarde les maisons en contrebas. Là, sur ma droite, j'aperçois des colombes blanches sur un toit. C'est très rare. Je me souviens de leurs plumes claires, dans la lumière du soleil, ça faisait comme des reflets d'argent, elles étaient magnifiques. « Regarde mon père ! Des colombes ! Viens, c'est un signe, je vais proposer le travail à cette maison. Le toit est abîmé. » Le padre acquiesce, on fait demi-tour, on s'engouffre dans les ruelles avec le camion, on cherche dans le quartier, c'est la dernière maison du village. On se gare juste devant. Je sonne. Plusieurs fois. Quelqu'un finit par ouvrir. Un grand monsieur apparaît, très âgé, parfaitement rasé. Il est vraiment très grand, sa hauteur m'impressionne. Il est un peu rond, imposant, et il porte une longue robe blanche. Un peu comme une robe de prêtre. Il est souriant, il a l'air tranquille, ça me met à l'aise pour me lancer :

— Bonjour monsieur, je fais le tour des maisons pour proposer mes services.

Je lui parle droit dans les yeux, je me montre sérieux pour essayer de le convaincre. Mon père reste assis dans le camion juste à côté, il a baissé la vitre, il écoute pour voir si j'ai bien rôdé ma *tchatche* :

— Je vois que votre toiture est abîmée par endroits, elle est pleine de mousse, de nickel, j'ai des produits très bénéfiques pour ça, pour pouvoir nettoyer, et en ce moment je prends pas cher, parce que je suis avec mon père, c'est lui le professionnel. Mais moi, j'aimerais aussi travailler, je m'appliquerai pour que votre toiture soit bien propre.

Face à moi, le monsieur me laisse parler, puis il finit par me répondre :

— Mon petit, j'adore ton discours. Ça me fait très plaisir de voir des jeunes parler comme toi, avec enthousiasme, mais je n'ai pas assez d'argent pour que tu puisses faire ma toiture. Bravo quand même, continue comme ça.

Il marque un temps d'arrêt, on se fixe, moi parce que mon père m'a appris qu'il fallait capter le regard du client pour être plus persuasif, et lui, je ne sais pas, il a l'air de me dévisager. Alors, il ajoute :

— Et tu sais quoi, je vais te dire un truc. Toi, dans pas longtemps, il va t'arriver quelque chose… Quelque chose d'extraordinaire.

— Ah bon, pourquoi vous me dites ça monsieur ?

— Parce que tu es un bon garçon, ça se voit, tu mérites. En tout cas, ça me fait vraiment plaisir que tu sois venu me voir.

La conversation s'arrête là. Je remercie le monsieur et je remonte dans le camion, intrigué.

— Mon père, t'as écouté le *gadjo*, ce qu'il a dit ?

— Oui fils, j'ai entendu.

Avec le padre, on reprend la route. Un an plus tard, une vidéo sur les réseaux sociaux change le cours de ma vie.

Chapitre 11

Un gitan à Paris

On reste une semaine à Bergerac après les obsèques du Papou, puis on repart à Poitiers pour rejoindre la mission. Mon père doit reprendre sa tournée de clients. Le temps avance tout doucement, la période est bizarre parce que le padre est toujours dans son deuil, enroulé dans son silence. Fin septembre, on rentre à Bergerac. Les jours et les semaines ont filé, il est déjà temps de partir pour le casting…

Mon père tient sa promesse de venir avec moi, on se lève très tôt tous les deux. Il met son parfum « Invictus » que j'ai encore dans les narines. Moi je m'inonde de mon parfum « Bleu » de Chanel. J'enfile un t-shirt tout serré et ma casquette noire, on prend le camion direction la gare de Bergerac. Je suis surexcité à l'idée de monter dans un train pour la première fois de ma vie. J'ai toujours rêvé de voir quelle sensation ça fait d'être à l'intérieur, dans un engin qui va si vite. La gare me paraît grande ! Une fois à bord, je suis comme un enfant qui découvre un nouveau jouet. Je trouve les fauteuils hyper confortables, j'ai hâte que le train se mette en marche. Les sensations sur ce premier trajet sont incroyables. À travers la vitre, le paysage défile à toute vitesse, je n'ai pas l'habitude, je ne connais que le rythme de la route à bord de la *campine*.

Dans le train, avec le padre, on parle peu. Je suis de plus en plus stressé par ce qui m'attend.

— Mon père, j'ai peur, comment je vais parler aux gens, je vais leur dire quoi ? Là-bas, tu parleras à ma place, hein ?

— Mais fils, moi je peux pas rentrer, je vais t'attendre à l'extérieur. Tout ira bien pour toi, va.

À ses mots, je comprends. Mon père est encore en deuil. Le deuil n'a pas de durée, chez les gitans. On peut le garder plusieurs jours, plusieurs mois, des années, ou même une vie. On dit simplement qu'on est en deuil, les autres préviennent autour, et tout le monde respecte ça. On ne mange pas de viande, on ne fait pas les grillades, on ne participe pas aux fêtes, on ne fait aucun éclat. Donc le padre m'accompagne, comme il me l'a promis, mais il ne pourra pas entrer dans la salle de casting pour m'écouter jouer de la musique. Chez nous, la *música* se tient loin de la peine. On écoute seulement des cantiques ; c'est religieux, c'est autorisé. D'un coup, je suis effondré de m'imaginer seul, face à ces *gadje* que je ne connais pas. La joie de prendre le train ne suffit plus à m'apaiser. C'est un moment très difficile, parce que d'un côté je sens le poids de sa tristesse à lui, qui reste si digne, et de l'autre, on est en train de vivre une aventure inoubliable ensemble.

Le train ralentit sa course, on arrive à Montparnasse. Je comprends alors que Bergerac était une gare minuscule ! Sur le quai, c'est la panique, tout est immense, il y a du monde à perte de vue, des panneaux, des gens qui marchent dans toutes les directions, je n'ai jamais vu ça de ma vie.

— Mon père, on va où là ? On doit faire quoi maintenant ?

— Viens petit, on va prendre le métro.

Il me montre sur un plan.

— On sortira ici et après on marchera.

Il a l'air sûr de lui, je suis très impressionné.

— Mais comment tu vois la direction ? Comment t'arrives à savoir par où on doit aller ?

— Tu lis la direction sur le panneau. Tu vois les lignes du métro et tu les suis pour y arriver.

Moi je dis « d'accord », mais je ne comprends rien. Les couloirs sont infinis, il y a des escalators, des indications, des flèches, c'est un labyrinthe. Le padre part acheter des tickets à un guichet et on se met en route. Une fois dans le métro, je me sens beaucoup moins à l'aise que dans le train. Tous ces gens collés les uns aux autres, ça m'oppresse. J'ai peur de me faire braquer, qu'il y ait une embrouille, j'ai l'impression qu'on me dévisage. Je tiens mon sac contre moi, le décor est agressif, hostile, je reste tout le trajet sur le qui-vive.

On arrive enfin à Montrouge. Il y a une immense queue devant le bâtiment du casting, je me dis que ça va être interminable. Je ne sais pas attendre, rester au même endroit sans bouger, c'est un truc que je ne sais pas faire. Par chance, dès qu'on s'approche avec mon père, quelqu'un vient nous voir et nous fait remonter la file. « Bonjour. Vous êtes attendu. Venez, c'est par ici. » Je passe à côté des autres candidats, je suis soulagé de ne pas avoir à patienter là, mais un peu gêné quand même de griller tout le monde. D'un coup j'entends « Oh ! C'est Kendji ! C'est Kendji ! » C'est la première fois que des *gadje* disent mon nom comme ça, des inconnus ; ça m'intimide, mais je sens beaucoup de bienveillance et d'enthousiasme de leur part. Ils ont l'air contents de me voir. Quand j'entre dans le bâtiment, d'autres gens me reconnaissent encore et viennent me dire « Bravo ! J'ai vu ta reprise, incroyable ! » Je réalise à cet instant que les vues sur Internet sont bien réelles. C'est comme si je pouvais d'un seul coup mettre des visages dessus.

On nous assoit avec mon père dans une petite salle d'attente. Il peut venir parce qu'à cet endroit il n'y a aucune musique. Je n'en mène pas large, le stress ne me quitte pas... Et c'est la première fois depuis le collège que je me retrouve à être le seul gitan dans le paysage. Heureusement que le padre est avec moi. J'entends les conversations autour de nous, les autres font des grandes phrases dans un français parfait. Moi je n'ose pas parler trop fort, parce que je sais que je ne m'exprime pas pareil.

Je ne sais pas combien de temps on reste assis là. Enfin, on m'appelle. Mon père me fait une petite tape avec sa main sur mon épaule « Allez fils, va. » Ça y est, c'est le moment. Je nous revois là, moi, pétrifié, plaqué plein de gel sous ma casquette, et lui qui reste assis près d'un compteur de courant. Je me souviens surtout de sa tristesse, *Mamà*... cette tristesse infinie dans son regard.

On m'emmène dans une salle, il y a sept ou huit personnes installées au fond, moitié assis, moitié debout, l'une d'entre elles dit :

— Bonjour Kendji. Tu peux te présenter rapidement s'il te plaît ?

— OK. Alors, bonjour, je m'appelle Kendji, je suis gitan. J'ai fait la reprise de « Bella » dans mon champ. Et aujourd'hui je vais vous l'interpréter.

— Super. Vas-y, c'est à toi !

— Ah oui ? Je chante là, tout de suite ?

— Oui, oui, tu peux y aller.

Je me lance, j'ai la bouche et les mains paralysées. Je me sens aussi rigide que mes cheveux ! À la fin de « Bella », dans ma tête c'est une libération, mais quelqu'un prend la parole pour me demander si je peux chanter autre chose. Le plus dur est fait, alors je commence à me détendre et je pars cette fois sur une chanson gipsy, « No sé lo qué pasa ». J'oublie peu à peu mon trac, je me sens d'un coup comme chez moi, sur le camp, entouré des cousins et de la *familia*. Mes mains redeviennent souples, ma voix ne tremble plus, je chante et je joue fort, je casse la guitare. Je vois les visages, les regards face à moi, tout le monde fait des « wahou ». Ça y est, je les ai pris… Une fois cette deuxième chanson terminée, ils parlent entre eux. J'attends debout, je ne pose pas de questions. Le fameux Bruno Berberes s'approche et m'explique que je vais devoir refaire pareil, mais dans une salle plus grande. On m'emmène ailleurs, dans un endroit avec des lumières et des musiciens, on me présente Olivier Schultheis, le directeur musical de l'émission. J'ai pu découvrir plus tard combien il était doué. Ce jour-là, je dis juste « bonjour », je suis intimidé, il se montre accueillant. Et puis on me dirige vers une scène, je monte quelques marches, j'ai plein de spots lumineux braqués sur moi, je suis perdu d'être en hauteur, je sens qu'on me regarde, mais je ne vois pas bien ce qu'il y a autour de moi. Le stress revient d'un coup. J'entends juste « Vas-y Kendji, c'est à toi ! » Je refais « Bella », des musiciens reprennent le rythme derrière. Je me dis que je dois aller jusqu'au bout et que mon père m'attend, pas loin. Je ressors de là tétanisé, mais fier de l'avoir fait. Je vois dans les sourires que les gens de l'émission sont contents. Bruno Berberes me confirme alors : « Tu as été top, on se retrouve bientôt pour l'émission, tu es pris ! »

Le padre n'a pas bougé du compteur électrique. Je cours vers lui.

— Ça y est ! Je crois que ça leur a plu !

— C'est bien, fils, *michto.* Je suis fier de toi.

Cette phrase, c'est ma plus belle récompense ce jour-là.

Chapitre 12

Que l'aventure commence !

Je reprends mon petit cours de vie jusqu'à ce que novembre arrive. C'est le tournage des auditions à l'aveugle qui seront diffusées deux mois plus tard, en janvier 2014, sur TF1. Le but est simple : il faut que je chante sur scène, face au public, mais les quatre coachs de l'émission seront dos à moi, dans leurs fauteuils, et ils se retourneront seulement si ma chanson leur plaît. Cette fois, en plus du padre, j'emmène la Laetitia, la Sophie, le Jessie et la mamà. Il y a mon cousin Jeremy, aussi. Il est comme mon frère. On prend tous le train ensemble, c'est une première pour beaucoup d'entre eux. Je suis tellement angoissé, pire que la première fois… Je les entends parler sans les écouter. Je n'ai plus aucun souvenir de ce trajet.

À Montparnasse, on reprend le métro comme avec mon père pour le casting mais cette fois direction le studio du Lendit à Saint-Denis. C'est encore lui qui dirige tout le monde. Moi, je suis en pilotage automatique. Je sens le stress de la famille qui monte aussi, ça ne m'aide pas. On traverse les bâtiments, il y a plusieurs studios immenses à cet endroit, de grands hangars. Jeremy est surexcité ; avec mes sœurs, ils regardent et commentent tout. Ils découvrent un nouveau monde. Si je n'avais pas eu la boule au ventre, j'aurais été comme eux, comme un fou ! De mon côté, j'essaie plutôt de garder mon calme. Cette fois, je serai filmé et je chanterai devant du public, je n'ai pas le droit à l'erreur. Rien que d'y penser, j'en ai le souffle coupé. À peine arrivés, on conduit ma famille vers une loge, et moi sur la grande scène de l'émission. On m'explique que je ne vais pas pouvoir jouer avec ma guitare, parce qu'elle ne peut pas se brancher. À la place, on me prête une guitare folk, pas gipsy, je n'ai jamais joué avec ça de ma vie. Mais la guitare est bonne, c'est une Lâg, et les cordes sont en nylon comme la mienne, donc ça me va. Je fais des essais micro, je dois dire si je m'entends bien et si je suis à l'aise. Pas du tout, mais je réponds oui. Sur le moment, je ne comprends pas qu'il s'agit des répétitions pour l'enregistrement du soir, donc je ne fais attention à rien, je ne prends aucun repère. Moi, je veux juste retrouver la *familia* le plus rapidement possible.

On m'emmène ensuite dans une petite salle avec de grands miroirs. Deux femmes me maquillent et me coiffent, un peu comme mes sœurs faisaient avec moi quand j'étais petit, sauf que la pression n'est plus la même… Une fois prêt, je retrouve enfin les miens ; leur présence me rassure. Une heure passe, peut-être moins, je reste assez silencieux, je n'ai plus du tout la notion du temps. Finalement, quelqu'un de la production vient me voir. « Kendji, je vous emmène pour les interviews. » Je ne sais absolument pas ce qui m'attend. On m'installe dans une salle éclairée par un projecteur, je vois une caméra face à moi, et une personne debout à côté qui me pose des questions. Je dois me présenter, expliquer en quelques phrases qui je suis. Je suis très mal à l'aise, je dis que je vis dans une caravane, je sens bien que mon vocabulaire en français est limité. Le journaliste me fait reprendre, toujours gentiment, mais ça me met sous tension, je commence à transpirer des mains. Je déteste ce moment, ce que je ressens, je trouve ça très long. Depuis que je suis petit, la patience, ça n'est vraiment pas mon truc. Je ne l'ai eue que pour apprendre la guitare. Après ça, on se retrouve enfin dans la « family-room » avec mes proches, là où les familles des candidats sont filmées pendant la soirée. On s'assoit sur un petit canapé. Tout le monde s'est apprêté comme pour une grande fête, ils sont sur leur trente et un. Quelqu'un de l'émission vient m'expliquer comment le tournage va se dérouler, après quelle chanson je vais passer. Je n'ai plus qu'à attendre et à faire de mon mieux.

L'émission commence, les premiers candidats chantent. Plus ça avance, plus je me sens mal. Le niveau est très bon. Tout à coup, Nikos entre dans la « family-room » pour poser quelques questions à mes proches, un cameraman le suit. Il faut savoir que Nikos Aliagas, dans ma famille, c'est notre idole, une énorme star. On l'aime depuis la première *Star Academy.* Mes parents, mon frère, mes sœurs, tout le monde est fan. Alors, de le voir là, en vrai, qui vient nous parler, c'est carrément impossible ! Heureusement, il se tourne vers mon père ; de nous tous, c'est lui qui parle le mieux français. Il a l'habitude d'échanger avec ses clients depuis des années. Ma mère, elle ne connaît que le gitan, mes sœurs aussi. La caméra s'approche, Nikos demande avec enthousiasme : « Alors, est-ce que vous êtes fier de votre fils arrivé jusqu'ici ? » Mais, au moment de répondre, je vois le padre tout bloqué. Il est encore plus stressé que moi ! Il devient rouge, la bouche flottante, il répète plusieurs fois la même réponse alors que Nikos lui pose d'autres questions. Autour, on se regarde, on est désarmés. Je me dis « Si lui il est aussi stressé que moi, on est vraiment dans la merde... » Nikos ressort avec la caméra. On respire enfin. Et, d'un coup, on se met tous à rire. On sait bien qu'on a été ridicules, qu'on n'a rien trouvé à dire d'intéressant. Mon père lâche « *Quina latche al paillousse !* Quelle honte, devant les *gadje !* »

Juste après le fou rire, la tension remonte d'un cran : on me fait sortir de la loge, c'est à mon tour de monter sur scène. Un gars de la régie me donne un micro et me propose des *ears*, ce sont des oreillettes pour mieux entendre sa propre voix et le retour de la musique. Mais je refuse de les mettre, j'ai toujours chanté dehors, avec du monde, du bruit autour, ça me perturbe de mettre un truc dans mes oreilles, c'est un peu comme si je devais porter un casque. Je me retrouve tout seul, loin des miens. Je n'ai plus du tout envie d'y aller. Tout près de moi, en coulisses, il y a une fille avec des cheveux frisés, elle travaille avec la production, elle voit que je suis en train de perdre mes moyens. Je la supplie : « *Oye*, je fais comment si je veux plus y aller, hein ? » Je m'essuie les mains sur mon pantalon, elles sont froides et moites. La *gadji* tente de me rassurer : « Mais non, ne t'inquiète pas, tu vas y arriver. » Elle voit pourtant bien que je suis terrifié. Alors, elle se met derrière moi et me pousse en avant pour que je fasse les derniers pas qui me séparent de la scène « Allez, c'est à toi Kendji, fonce ! »

Tout s'arrête. Je suis ébloui par les lumières. Dans ma tête, c'est un trou noir. Je sens un frémissement dans la salle, j'entends des gens qui murmurent mon prénom en me voyant, ils me reconnaissent sans doute de la vidéo. Je fais des signes de tête en mode « salut, salut », je ne les vois pas mais je veux rester poli. Au fond de moi, je suis une statue. Je remarque alors les quatre fauteuils retournés face à moi. Florent Pagny, Jennifer, Mika, Garou. Je savais que c'était eux les coachs, mais ça me fait quelque chose au cœur de voir leurs noms comme ça. Ce que je suis en train de vivre est donc bien réel. Je suis entré dans la télé. À cet instant, je ne pense plus qu'à une chose, « Et s'ils ne se retournent pas... ? » J'entends enfin le décompte du réalisateur : « 5 – 4 – 3 – 2 – 1... »

Dès le premier accord, c'est la cata, je comprends que j'ai mis le capo beaucoup trop bas ! Je n'ai pas fait attention aux répétitions tout à l'heure, le capo est posé à la case 3 au lieu de la case 5. Le capodastre, c'est une petite accroche qu'on place sur le manche de la guitare pour adapter la tonalité d'un morceau. Je dois continuer à chanter, je ne peux plus revenir en arrière, mais toute la chanson est beaucoup trop grave pour moi ; je n'ai aucun moyen de monter un peu la voix dans les aigus pour faire une belle démonstration. Je suis en panique, et devant moi, aucun fauteuil ne bouge.

Je passe le premier refrain… Mika se retourne ! Je respire un peu. Je ne suis pas fier de ma prestation, mais je suis pris dans l'émission ; je pourrai montrer plus tard au public ce que je peux faire. Il est le seul coach à se retourner. Je ne me souviens plus de son discours, je crois qu'il a dit « Tu joues comme si t'étais pas là… » Il n'a pas tout à fait tort, j'ai fait toute la chanson dans un état second. Et puis, Jennifer prend la parole. Avant d'arriver sur le tournage, j'avais imaginé que si j'avais le choix entre les coachs, je la choisirais elle. Non seulement parce qu'elle chantait bien, mais aussi parce que c'était la seule femme du jury et que je la trouvais très belle. On cherche les motivations qu'on peut… ! Elle raconte qu'elle est très touchée par ma reprise parce qu'elle a une grand-mère qui était flamenquiste. Dans ma tête, ma mauvaise fierté reprend le dessus, je pense « Bah, pourquoi tu t'es pas retournée alors ? » Et puis l'un d'eux, ou peut-être Nikos, me demande d'où je viens. Je m'entends répondre « Je viens du côté de Bergerac ». J'ai vraiment dit « du côté de », une vraie réponse de gitan ! Alors que je suis né à Périgueux. Mais sur le moment, moi je pensais juste à l'endroit où était garée la *campine*…

Pour sortir de scène, il y a la route du perdant et celle du gagnant. Le soulagement l'emporte sur tout le reste, la peur, la déception d'avoir mal chanté, je suis simplement content de marcher sur le bon chemin. Je rejoins ma famille en loge, tout le monde crie, me saute dessus, me serre dans les bras. Mon père passe des coups de fil : « C'est bon ! Le petit, il est pris ! » Après ça, je ne me souviens plus de rien, l'euphorie a effacé les souvenirs de cette soirée, je garde juste en mémoire la joie de mes proches et le bonheur de les avoir rendus heureux.

Le prochain rendez-vous est en janvier, dans plusieurs mois. J'ai maintenant hâte de remonter sur scène. C'est important pour ma fierté, je suis pris par l'envie de faire mes preuves, je veux montrer autre chose vocalement. J'espère pouvoir chanter une Ginette Reno ou un Johnny, des chansons que je connais par cœur. Entre-temps, dans mon quotidien, tout redevient normal, je travaille un peu avec le padre, puis on prend la route. Cette fois, on s'installe près de Paris, dans le 91, pour se rapprocher des studios de *The Voice*. Mon père y a des clients, donc c'est bien pour tout le monde. Moi, j'ai mon camion, mes parents, quelques cousins, mes frères et sœurs, on est une cinquantaine de caravanes sur un emplacement tous ensemble, ce n'est pas vraiment le voyage, mais ça me va.

Pour l'étape suivante, je retrouve Mika et les autres candidats sélectionnés dans son équipe pour qu'il nous annonce ce qu'on va devoir interpréter à la prochaine épreuve. On nous installe tous dans une petite salle, on s'assoit un peu partout, on attend notre coach. Ce jour-là, je rencontre Youness. Il est dans la même team que moi, il est drôle et tranquille, on s'entend bien tout de suite. J'entends les autres talents donner de la voix, je me dis « Mon Dieu, qu'est-ce que ça chante ! » Je sais que je me débrouille aussi, mais eux, c'est beaucoup plus cadré, stylé, avec de la technique. Mika arrive et fait ses annonces : « Toi, Kendji, tu vas chanter avec Youness, et la chanson c'est "Tous les mêmes" de Stromae. » Avec Youness, on se regarde : « Merde, ça va être toi ou moi. » Comme ce sont les battles, on sait que l'un de nous deux sera éliminé. On est très déçus d'être l'un face à l'autre. Pour moi, c'est une douche froide. Je me retrouve contre le seul *gadjo* avec lequel j'ai sympathisé et ce n'est pas du tout une chanson sur laquelle je vais pouvoir envoyer vocalement. Je suis dégoûté, mais je vois bien que je n'ai pas trop le choix. La séquence de tournage se termine vite ; Mika, ce jour-là, on le voit rapidement, on n'a pas encore de tête-à-tête pour répéter nos chansons. Chacun repart de son côté, on a une semaine pour être prêt.

De retour sur le camp, je suis en boucle, « Tu vois pas la chanson qu'ils me mettent ! » Il y a beaucoup de texte et il faut en plus que je chante sans la guitare. Et puis, il y a des paroles qui me gênent, « mate une dernière fois mon derrière », ça parle des règles, « des ragnagnas », etc., ça peut paraître bête, mais j'ai alors dix-sept ans et aucun recul. Bien sûr que cette chanson est forte, et j'ai par ailleurs une grande admiration pour Stromae, mais sur le moment, je suis énervé et frustré. Je ne comprends pas que pour une compétition vocale, je me retrouve avec une sorte de slam. Mes parents aussi sont déçus, « C'est vrai, fils, comment tu peux faire voir ce que tu vaux sur une chanson comme ça… », mais en même temps ils m'encouragent, ils me disent de ne pas lâcher l'affaire.

J'écoute le morceau sur YouTube pour l'apprendre dans la *campine*, je le répète avec les cousins, du soir au matin. C'est la première fois que je dois vraiment apprendre quelque chose. Je le reprends à la guitare, en mode gipsy, ça rend plutôt bien. Je le joue comme ça sans m'arrêter tous les jours. Je me motive en me disant aussi que ça changera peut-être un peu avec les musiciens, une fois sur le plateau ; j'ai hâte de découvrir la version avec les arrangements, voir si j'arrive plus facilement à pousser la voix dessus. Je ne veux pas, je ne peux pas baisser les bras maintenant…

La semaine passe vite, je ne me présente pas très en confiance aux répétitions. J'ai vu les deux premières saisons de *The Voice*, je sais que sur les battles, on n'a pas le droit à l'erreur. Et le Youness est très doué, donc j'ai vraiment peur d'être éliminé. Pourtant, quand on se retrouve tous sur place, d'autres candidats de l'équipe de Mika m'encouragent : « Tu vas tout déchirer, c'est toi qui vas gagner, Kendji, ton rythme de guitare il est dingue ! » Puis Olivier Schultheis, le directeur musical, nous fait écouter l'arrangement, ça reste assez proche de la chanson originale, et on découvre le découpage du texte, c'est-à-dire qui chante quelle phrase. Youness et moi, on monte sur scène et on se lance. Je me rends bien compte que c'est plat, j'ai l'impression que je suis trop stressé pour profiter des répétitions. Limite, j'aurais préféré faire sans. Les gens de l'émission nous regardent, ça m'intimide, je ne vis pas bien ce moment. Je refuse toujours les *ears*, mais je n'entends pas ma propre voix. Le son sur les plateaux, c'est très différent du dehors. Je pense d'ailleurs que je fais des fausses notes. Mika s'approche, il doit voir que je suis mal à l'aise, il me conseille de me relâcher, mais moi ça ne m'aide pas des masses, je ne sais pas me détendre sur commande. À la fin des répétitions, je suis encore moins sûr de moi qu'au début. J'ai déjà accepté l'idée de sortir de l'émission ce soir…

Le *prime* commence. Cette fois, on est en direct. La musique démarre, ça ressemble à ce qu'on a fait aux répétitions. Bref, ce n'est pas fou. Sauf que d'un coup, le Youness part en vocalises ! Dans ma tête, je me dis « Wahou, merde, il n'a pas fait ça tout à l'heure ! » Et elles sont hyper bien faites, bien hautes, trop bien placées. Ma fierté se réveille, ça devient une vraie battle, je me surprends à ne pas vouloir renoncer. Je réagis sans réfléchir et j'en cale une aussi, juste après lui, version gipsy. Là, j'entends Mika qui dit « Ouais ! », il ne s'y attendait pas, c'était totalement improvisé.

On doit ensuite attendre son choix. Mika parle de nous, chacun notre tour. Je suis attentif à ce qu'il dit, parce que je suis persuadé que je vais sortir, donc je ne veux pas rater le moment où il l'annonce. Il commence par Youness : « Tu as bien défendu la chanson, avec ton envolée qui vient directement de l'Orient. » Je pense « OK, il a aimé, tiens-toi prêt à partir ». Ensuite, Mika se tourne vers moi : « Et toi, Kendji… » Là, je n'entends plus, j'attends simplement qu'il dise « Je suis désolé, ton aventure s'arrête ici ». Je me prépare à sourire pour être bon perdant. Il annonce alors que je suis pris. Je ne comprends pas, je suis très surpris, vraiment, déçu pour Youness, aussi, mais heureux pour moi.

Très vite, je pense à l'étape d'après, j'espère que cette fois, on va me donner une chanson sur laquelle je vais pouvoir prouver que je sais chanter. Désormais, c'est la seule chose qui compte pour moi : montrer au public que je peux les faire kiffer. Je veux être fier d'une de mes prestations. Partir après, ce n'est pas grave, c'est le jeu, mais ne pas pouvoir arriver à ça, ça m'aurait énormément frustré. J'attends mon moment, et pour moi, sur la scène de *The Voice*, il n'est pas encore arrivé.

Chapitre 13

Des chansons, des rires et des larmes

Après les battles, il n'est plus question de rentrer chez soi. Les candidats doivent rester à l'hôtel tout le temps de leur participation. Les autres sont très heureux d'être qualifiés et de vivre l'expérience à fond. Pour moi, au contraire, commence l'épreuve ultime… Je n'ai jamais dormi dans un hôtel de ma vie. Et ça fait bien cinq ans que je n'ai pas dormi ailleurs que dans mon camion.

Je me retrouve avec ma valise à l'Ibis de La Plaine Saint-Denis. On est logés pas loin du studio de l'émission. Les murs de ma chambre sont de couleur verte, une sorte de vert clair un peu acide, et les draps du lit très fins. Quand je bouge dedans, la nuit, ça fait un drôle de bruit, « ziiii ziiii », un son très synthétique. Ça n'est pas du coton, c'est du plastique ! Il y a une petite télé, accrochée en hauteur. Rien à voir avec mon installation à l'arrière de mon camion pour jouer à la Play. Je n'aime pas le savon de la douche non plus, l'odeur est chimique. Les premières nuits, je suis craintif, très méfiant, je n'ai pas l'habitude de dormir dans un endroit partagé par des inconnus. Si ça n'est pas chez moi, alors c'est un peu chez tout le monde ! Je n'ose pas toucher les choses, les objets, je ne sors pas mes affaires de la valise. Le soir, je décide d'enfiler un de mes t-shirts sur l'oreiller, par-dessus la housse. J'ai peur que ce ne soit pas vraiment lavé. Ça m'arrive de le faire encore, quand je suis dans des endroits que je ne connais pas. Pourtant, aujourd'hui, je sais bien que tout est très propre, désinfecté, lavé à je ne sais combien de degrés, mais je garde une réserve quand je dois passer la nuit ailleurs qu'à la *casa*. Souvent, je me dis « on ne sait jamais... », je préfère poser ma tête sur mes vêtements, plutôt que sur des draps qui ne sont pas les miens.

La première nuit dans cet hôtel est un souvenir pénible. *Mamà*... Dormir loin de ma famille, loin de mes parents, c'est très dur. Même dans mon camion, je restais toujours garé à deux mètres de la *campine*. Là, je me retrouve isolé, sans mes cousins, sans les bruits du camp, entouré de gens que je ne connais pas encore. On est nombreux, mais ça ne fait que renforcer ce que je ressens. La solitude, c'est une vraie découverte, et pas la meilleure de cette aventure... Les autres candidats sont enthousiastes, ils semblent trouver normal d'être loin de chez eux, ils sont très excités par tout ce qui nous arrive. Alors je garde mes impressions pour moi. Pendant le dîner, je les écoute parler. Je ris aux blagues, les gens ont l'air à l'aise, je les trouve drôles, intéressants, chacun a une histoire à raconter. Moi, je suis sociable, mais je reste toujours un peu en retrait. Ma timidité m'accompagne, je ne veux surtout pas me mettre au centre des conversations. J'ai encore la barrière de la langue et ma vie me paraît loin de ce qu'ils connaissent. Je ne sais pas trop quoi leur raconter. Ce soir-là, je ferme les yeux en pensant « Qu'est-ce que je fais ici ? »

Dès les premiers jours, tout le monde fait connaissance. Il y a une bonne ambiance dans l'hôtel entre nous et souvent des bœufs organisés le soir. Ça se rassemble autour du piano dans le hall de l'hôtel, ça chante les Beatles, ou d'autres chansons en anglais que je ne connais pas. C'est festif et beau à voir, ça me rappelle un peu mes soirées sur les places, autour des feux. Mais ici, je n'ai pas ma guitare avec moi ; et puis de toute façon je ne suis pas du genre à venir imposer mon style. Ils ont le leur, ils connaissent plein de musiques, c'est très bien comme ça. J'aurais trouvé ça lourd de venir pour proposer autre chose, imposer du gipsy, en mode démonstratif, « regardez ce que je sais faire », je préfère les écouter.

C'est souvent le soir que je pense le plus au voyage. Une partie de ma famille est restée pas loin, dans le 91, pour être proche du studio et m'encourager à chaque émission. Mais beaucoup d'autres se mettront bientôt en route pour la prochaine mission. C'est la première fois de ma vie que je ne partirai pas. Mon camion me manque. Vivre dehors, en plein air, aussi. Dans ces murs, je me sens un peu privé de mouvement. Ça fait des années qu'on n'a plus de *casa*, que j'ai perdu l'habitude d'être sédentaire, enfermé, même quelques mois. Cette année-là, ne pas pouvoir faire le voyage m'a fait comprendre combien il était important pour moi.

Je me souviens d'une scène où je me suis vraiment senti différent. Un jour, dans un couloir, j'entends crier « Au secours ! Au secours ! », on est plusieurs à débouler en courant. C'est une chanteuse d'une autre équipe. Elle est devant sa porte, en panique, elle hurle « Là ! Là ! J'ai vu des cafards ! » J'entre, je soulève son lit et j'écrase au pied les bestioles. Je fais mon fier, je le reconnais. J'espérais l'impressionner un peu ! Tous les autres étaient restés dehors. Mais là, elle se met à pleurer encore plus ! Je suis gêné, je ne sais plus où me mettre. Elle me dit « Kendji, qu'est-ce que tu as fait ? Pourquoi tu les as écrasés ? » Elle me dévisage. Je ne comprends pas sa réaction. Fallait quoi, que je les mette dans une petite boîte ? Que je leur demande poliment de quitter sa chambre ? Et puis d'abord, qui pleure pour des cafards ? Ce n'est pas quelque chose d'effrayant.

La différence avec les autres, c'est aussi que je suis mineur. En plus des murs et des horaires qui m'encadrent, la production m'a imposé… une nounou. Eh oui, une vraie nounou ! Il s'appelle Jérôme Maubert, le genre teint pâle, sérieux et sage, toujours en chemise, mais avec des Converse. Un vrai *gadjo* parisien ! Son travail : s'assurer que tout se passe bien pour nous, et en particulier, surveiller tout ce que je fais. Aujourd'hui, quand je le recroise sur des émissions, on en rigole. Je suis content de le voir, il me rappelle de sacrés souvenirs, mais sur le moment, je m'en serais bien passé. Au restaurant, ou à chaque sortie organisée par la production, ma nounou Jérôme m'accompagne. Un soir où on sort tous ensemble boire un verre, j'en commande un aussi. Mais au moment de trinquer, Jérôme me le retire des mains ! *Quina latche*… cette honte ! Vers chez moi, à dix-sept ans, j'étais déjà un petit homme, ça faisait bien longtemps que ma propre mère ne me disait plus à quelle heure rentrer. Là, j'avais clairement l'impression d'être redevenu un gosse.

Pour garder le moral et retrouver un espace de liberté, je prends rapidement une nouvelle habitude.

Certains matins, vers 10 ou 11 heures, avant d'aller sur les tournages et les répétitions, je pars de l'hôtel sans prévenir personne. Ma nounou Jérôme n'est pas encore sur place, je fugue discrètement… jusqu'au PMU d'à côté ! Comme le padre est un grand joueur et que je l'ai souvent accompagné dans les PMU depuis que je suis petit, ce décor me paraît familier. Je m'y sens bien. Ça me fait une sorte de rattachement à ma vraie vie. J'achète quelques jeux de grattage, je commande des Cash et je bois une bière ou deux. Ces escapades sont une respiration. Et je trouve ça tellement fou de sortir dans les rues de Paris tout seul, sans aucun cousin avec moi ! Je me déplace en bande depuis toujours, c'est une nouvelle expérience. Je reste une heure, posé là, et puis je rentre comme si de rien n'était. Ensuite, Jérôme Maubert vient me chercher et m'emmène aux différents rendez-vous de la journée.

Tout le temps de l'émission, je dois bien dire que l'absence des miens m'a beaucoup pesée. Mais aussi la peur de monter sur scène, qui ne me quittait pas. L'impression de ne pas être à ma place, le décor autour, les éliminations chaque semaine, les interviews, les nuits seul à l'hôtel, c'était beaucoup de situations de stress et trop loin de ma vie. J'appelais ma mère tous les soirs et bien souvent je pleurais. « Mamà, j'en peux plus d'être sans vous, sans la famille, viens me chercher. » Ma mère était très triste de m'entendre comme ça, elle me disait « Pars mon fils, si tu n'es pas bien, tu peux partir, ne fais pas l'émission et reviens ». Le fait qu'elle me dise ça, ça me rassurait, je sentais que je pouvais rentrer chez moi quand je voulais, et ça me donnait finalement l'envie de tenir encore, de ne pas lâcher.

Le manque de chez moi, je ne le montrais pas aux autres. Je les sentais à fond dans leur aventure, ils rêvaient vraiment d'aller en finale. Moi je ne ressentais pas cette envie. Gagner *The Voice* ou devenir connu, ça n'a jamais été mon objectif. Mais ne pas décevoir les miens et le public, ça, c'est resté ma plus grande motivation. Même si je vivais mal l'éloignement, je ne voulais pas abandonner. J'aurais eu l'impression de laisser un chantier en plan. Tu entreprends quelque chose, tu le finis, c'est important. C'est l'exemple que le padre m'a toujours montré. Et puis, j'ai énormément de souvenirs incroyables de cette période. *The Voice*, ça a été aussi des moments forts sur scène et beaucoup d'éclats de rire avec les autres candidats.

Je me lie assez vite d'amitié avec Maximilien, Natacha, Amir, les Fréro Delavega… Reste le problème de ma chambre, je dois m'y faire mes propres repères. Je décide de prendre exemple sur Maximilien. Lui, il a plein de bonbons et une bonne réserve de gâteaux près de son lit. Je fais pareil, pour que ce soit plus convivial. Après quelques semaines à l'Ibis, je me mets à commander des pizzas, des tiramisus. Ça rend l'espace moins neutre. Je me souviens aussi d'un soir où deux cousins, le Bryan et le Kevin, sont venus me voir à l'hôtel quelques heures. On n'était pas censés faire venir nos proches, mais la production ne le savait pas et ça me faisait trop plaisir de passer du temps avec eux. On a mangé des pizzas ensemble dans ma chambre, ça m'a fait un bien fou. Quand ils sont repartis et que je me suis de nouveau retrouvé seul, *Mamà*… c'était encore plus dur.

Sur le temps libre, je vais souvent discuter avec le Maximilien, c'est un bon gars, très gentil. On ne s'est pas recroisés après la tournée de *The Voice*, mais j'aimerais beaucoup le revoir, je garde de très bons souvenirs de ces moments à parler ensemble. Vu que j'étais le plus jeune de l'équipe et que mes proches me manquaient, certains candidats sont devenus comme des grands frères pour moi. Maximilien était plus âgé, je lui posais beaucoup de questions, il me conseillait. Amir aussi, il me donnait confiance en moi. Dès le début de l'émission, il a été très encourageant. Je lui disais souvent « Je sais pas si je dois jouer à la guitare, les gens veulent peut-être juste un concours de chant. » Il me répondait « Mais t'es fou, tu joues trop bien ! » Pareil, quand je doutais de ma voix, Amir me répétait : « T'as un vibrato de malade ! » Je ne savais pas si c'était vrai ou s'il essayait seulement d'être gentil, mais ça me rassurait un peu. Je sentais beaucoup de bienveillance de sa part, il m'a apporté un soutien que je n'oublierai pas, pendant tous ces mois de tournage.

Moi, fallait aussi que je fasse quelques conneries pour m'amuser. Les points négatifs étaient très forts dans mon ressenti à cette époque-là, mais avec le recul j'ai vraiment beaucoup ri. Les meilleurs partenaires pour ça, c'étaient les Fréro Delavega. On a souvent fait les couillons tous les trois. Un jour, j'avais trouvé un vélo posé près de la régie, je m'amusais à faire des roues dans les couloirs du studio, les Fréro m'encourageaient à tenir le plus longtemps possible en cabrant sur la roue arrière. J'ai fini éclaté au sol, ils ont filmé la scène, la chute était très drôle. Une autre fois, je ne sais même pas pourquoi, avec Jérémie Frérot, on s'amusait à courir et à se cogner dans les murs de l'hôtel en sautant. On était pliés. On prenait de plus en plus d'élan, on sautait de plus en plus haut, de plus en plus fort. Et à un moment, il a carrément traversé le placo ! On est partis en fou rire, ça a duré longtemps.

De janvier à avril, c'est passé comme ça, avec toujours ce mélange de stress, d'excitation, de tristesse et de joie.

The Voice m'a apporté tellement… Pendant toute l'aventure, je fais des rencontres incroyables et j'apprends beaucoup. Chaque jour est une nouveauté, au-delà de tout ce que j'ai jamais imaginé. D'une émission à l'autre, j'ai envie de donner le meilleur de moi-même pour rendre la *familia* et le public de plus en plus fiers. Je retrouve le goût de faire les choses bien, comme quand j'étais à l'école primaire. Je me montre appliqué, toujours souriant en interviews, et surtout, je tiens à bien travailler mes chansons. Mais le stress, je l'ai gardé tout le temps. Jamais je ne suis monté sur scène confiant ou détendu. J'ai d'ailleurs eu des moments pires que d'autres…

Un soir, sur un *prime*, on doit tous chanter une chanson en anglais. Mika me donne « *Mad World* ». La chanson est magnifique, mais l'anglais, c'est raide. Déjà que le français je galère, l'anglais chez moi, c'est le niveau zéro ! Je passe une semaine à répéter chaque mot, à l'oreille. J'apprends toute la chanson en phonétique. Et puis vocalement c'est assez technique, je dois carrément monter d'une octave. Avec le stress de la langue et du direct, au moment de démarrer la chanson, je me cale mal sur la tonalité et je chante complètement faux. Je panique. Dans ma tête, je vis un grand moment de solitude. Heureusement, après quelques phrases, je réussis à me retrouver sur la bonne ligne mélodique. En sortant de scène, je suis quand même fier de l'avoir fait. Les paroles, ça m'avait demandé tellement de travail, le résultat n'était finalement pas trop mal à l'arrivée.

Mais le pire passage, pour moi, ça reste « Belle », de la comédie musicale *Notre-Dame de Paris*. Je suis là, concentré dans ma musique, et d'un coup, trou noir. Il y a une phrase que je dois chanter et qui ne vient pas. Je me rattrape comme je peux, je me mets à faire « Mmmmmmh… » Ce ridicule !

Bien sûr, j'ai aussi beaucoup de souvenirs magnifiques. *The Voice* reste la première scène de ma carrière. Je crois que l'un de mes meilleurs moments, c'est de chanter « L'Aigle noir » avec Mika, le soir de la finale. La chanson est très belle, et mon coach est avec moi, à mes côtés, ça me rassure. Mika, c'est un artiste incroyable, un vrai musicien ; il est très fort musicalement, il a une oreille impressionnante. Et c'est aussi un vrai prof. Plus les semaines avançaient, plus il prenait le temps de nous accompagner, de nous conseiller. Il m'a appris des choses qui me servent encore aujourd'hui sur ma façon de chanter. Il m'expliquait par exemple comment mieux poser ma voix, installer le vibrato, il me disait aussi de travailler les entrées et les fins des chansons. Moi, avant lui, je faisais tout à la bonne franquette, sans me poser de questions. Depuis ça, avec le Mika, chaque fois qu'on se croise sur une émission, on se prend dans les bras, on est très contents de se voir. *The Voice*, c'est une aventure forte entre nous. D'une certaine manière, il reste pour toujours « mon coach ».

Chapitre 14

Maillé devient Girac

Les étapes passent une à une. Contre toute attente, je suis toujours dans l'émission. On parle de plus en plus de moi dans les journaux et les médias, de ma guitare, de mes yeux clairs, de mon jeune âge, de mon drôle d'accent. On écrit que j'ai un sourire d'ange, que j'ai l'air gentil, que je fais danser la France. On me compare aux Gipsy Kings, c'est un honneur trop grand. J'ai du mal à y croire. Dans les couloirs, dans les coulisses et dans les loges maquillage, on commence à me dire que je suis le chouchou du public, qu'il n'y a jamais eu autant d'enthousiasme pour un candidat. Ça me touche. C'est très flatteur. Mais ça me bouscule un peu, aussi. Depuis le premier jour, je suis impressionné par le niveau et le talent des autres. Ils sont capables de chanter toutes les chansons, d'improviser autour d'un piano, en anglais, en français, dans n'importe quel répertoire. Moi, j'ai plutôt l'impression d'être arrivé là par hasard. Peut-être même par erreur…

Depuis la vidéo sur les réseaux, parfois des gens me reconnaissaient et me demandaient un selfie, « Oh ! C'est Kendji de "Bella" ! », mais passer à la télé change tout. Dès les premières semaines, il y a des fans qui viennent attendre les candidats devant l'hôtel. Plus les émissions avancent, plus j'entends que ça crie beaucoup mon prénom. Un soir, pour les quarts de finale je crois, il y a près de 300 personnes sous les fenêtres de ma chambre ! C'était surréaliste de voir tout ce monde. Je n'avais pas l'impression que c'était vraiment réel. La production non plus n'a jamais vu ça. Je les sens un peu stressés pour moi à l'approche de la fin, il faut éviter les débordements. À la demi-finale, pour me faire aller d'un studio à un autre, comme il y a énormément de gens dehors, ils prennent la décision de me déplacer en fly-case. En gros, on me cache pour que personne ne me voie passer et éviter les mouvements de foule. Un gars de la technique vient me voir et me dit : « Viens Kendji, monte là-dedans, on va t'emmener avec ça. » Je vois une boîte assez grande sur des roulettes, le genre de malles dans lesquelles on transporte du matériel de régie. Mais dans celle-ci, il y a quand même quelques petites ouvertures pour pouvoir respirer ! Je monte dedans, deux régisseurs ferment le couvercle et commencent à me faire rouler. Tout autour, j'entends du bruit, une sorte d'effervescence, les gens attendent pour assister à l'avant-dernière émission. Certains parlent de moi, personne ne peut se douter que je suis juste là, dans la caisse qui roule à côté d'eux. En quelques semaines, je suis passé de mon petit lit dans mon camion sur des caisses en bois à un caisson pour traverser une foule !

Sur le moment, le fly-case ça m'a fait beaucoup rire, je ne mesurais pas du tout l'ampleur que tout ça prenait. Je n'avais pas peur, au contraire, ça me mettait dans une sorte de confiance, c'était que de la gentillesse de la part des gens. Je me disais juste « Pourquoi moi j'ai ça et pas les autres ? » alors que depuis le premier jour, je doutais de mes capacités vocales. Je ne considérais pas que c'était le signe que j'allais gagner. Je pensais que c'était simplement parce que j'étais un peu plus jeune et que je faisais mon beau gosse. Au début, je me suis dit qu'on me soutenait parce que j'étais gitan, que la communauté était avec moi. Et puis, après, j'ai commencé à voir aussi des *gadje*, des *gadjis* surtout, qui étaient derrière moi, des ados, des enfants, des mamies aussi. Tout ce monde et toutes ces générations, c'était très beau à voir. Je me disais qu'ils devaient trouver ça bien que je chante à ma façon. J'étais fier de me présenter en tant que *gitano*, d'apporter une autre image. Montrer que chez nous il y a des gens respectueux, créatifs, qu'on n'est pas des voleurs ! J'avais conscience que je devenais un peu un porte-parole. On me parlait souvent de ça dans les interviews. Mais je ne voulais pas non plus devenir un représentant. Ça m'amenait sur un terrain plus politique, ce n'était pas le mien. C'était juste important pour moi de kiffer ma musique, de partager ça avec les gens et d'être fier de mes racines.

Et puis, enfin, le soir de la grande finale est arrivé…

10 mai 2014. Ce soir, je sais que des millions de Français regardent l'émission. Ce soir, « dans l'arène », comme dit Nikos, quelque chose d'important va se jouer. Je verrai ces grands fauteuils rouges pour la dernière fois. C'est la fin de tous ces mois sur ce plateau, sous ces lumières, des répétitions avec Mika et avec les candidats ; la fin de tous ces rires, de ces bons moments partagés et de toutes les déceptions après les éliminations chaque semaine. Les autres finalistes sont devenus des compagnons, des amis, certains des grands frères. Ce soir, c'est surtout le dernier où je dormirai loin de ma famille et de la *campine*.

Nous ne sommes plus que quatre. Il y a Amir, Maximilien, Wesley et moi. Ils méritent tous de gagner. Je ne veux pas faire le modeste. Je le pense sincèrement. Je sais qu'ils rêvent tous les trois de remporter la finale. Moi, je n'en suis pas vraiment sûr. Un peu plus tôt dans la soirée, Jennifer m'a glissé : « Si tu gagnes, mon pauvre, tu vas faire que des interviews, ça va être horrible ! » Elle me l'a dit avec le sourire, pas pour me faire peur. Mais sur le moment, j'ai vraiment flippé. Je voyais cette finale comme la fin de l'aventure, une forme de libération. D'un coup, j'ai réalisé qu'elle avait raison : si je gagnais, tout ça ne faisait en fait que commencer. La vérité c'est que ce soir-là, quand Nikos a ouvert l'enveloppe et qu'il a dit mon prénom, j'ai senti comme une fracture, là, sous ma poitrine. Je la vois encore sur les images, la seconde où tout se déchire…

Mais commençons par le début. La soirée est intense, les finalistes passent, c'est à mon tour de monter sur scène. Pour la dernière, on m'a laissé choisir mes chansons, celles que je veux faire depuis le début : « Amor de mis amores » et « Volare » des Gipsy Kings. Des légendes. Mes modèles. La guitare dans les mains, veste rouge et or sur les épaules, je suis accompagné pour l'occasion de guitaristes gitans et de danseuses flamenco choisis par la production. Dès les premiers arpèges sur mes cordes, le public se lève, applaudit, chante. Je sens l'enthousiasme de tous ces gens venir jusqu'à moi. J'ai un grand sourire aux lèvres que je ne peux pas défaire. J'ai du mal à tenir le rythme des paroles tellement je suis heureux. Je sais qu'il y a dans la salle ma famille, ils sont venus nombreux ce soir, plus nombreux que d'habitude. Il y a mes grandes sœurs, la Laetitia, la Katia, la Sophie, et mon frère, le Jessie. Il y a aussi Wy, mon oncle Torsalin et sa femme. Surtout, il y a mon père et ma mère. Ils veillent sur moi depuis le début. Ils sont restés dans le 91 pendant toute l'émission.

J'enchaîne avec « Volare », mes mains courent sur la guitare. Les applaudissements me font chaud dans le cœur. Je n'en reviens pas que le public, tous ces *gadje* que je ne connais pas, aiment m'écouter. Je les vois danser, c'est un moment incroyable. Je vois les coachs aussi, face à moi. Comme toujours, Mika est concentré. Il veut que je donne le meilleur. Il finit à son tour par bouger les épaules et taper dans ses mains. Il se laisse embarquer. Les lumières sur scène sont chaudes, comme un coucher de soleil, je pense à toutes ces soirées sur les places des villages, l'été dernier, avec les cousins. Je pense à ma vie d'avant, celle que je vais bientôt retrouver. Ce soir, la musique est une fête, elle emporte tout, ma solitude, mes doutes, mes larmes de ces derniers mois. C'est une vraie ambiance gitane en direct à la télé ! Ce moment, *Mamà*… je ne l'oublierai jamais.

La musique se termine sous une pluie de confettis dorés. Je remercie les musiciens et les danseuses autour de moi. Je remercie le public, aussi, et je sors de scène. Je ne pense pas à ma prestation. Je ne peux pas dire si j'ai été bon ou mauvais. Je sais simplement que je suis content d'avoir donné de la joie à tout le monde et que j'ai chanté avec le cœur. Je descends les marches du plateau, je rends la guitare et mon micro. On me félicite. Je pars vers ma loge. C'est là que la peur revient. Comme une crampe. Elle me frappe fort. J'ai les mains moites. Et si c'était ça, la suite de l'histoire ? Monter sur scène, encore ? Je ne peux pas battre le trac à chaque fois. Je n'y arriverai pas. Je suis fatigué d'avoir peur des questions qu'on va me poser parce que je ne sais pas quoi répondre et que je cherche souvent mes mots. Le public va bien s'apercevoir qu'il s'est trompé, que je n'ai rien à faire ici, que les autres ont plus de talent. Les gens dans la salle, dans la rue, ceux qui m'écrivent et qui m'encouragent, c'est sûr, je finirai par les décevoir…

Ce que je sens dans ma poitrine m'écrase. J'ouvre ma loge, j'ai du mal à respirer. Je m'allonge sur le petit canapé, je ferme les yeux. Je repense à ma vie quelques mois en arrière. Avant que tout ça commence. Je veux reprendre la route, chanter avec les cousins, veiller tard près du feu, ma guitare dans les mains, l'odeur des grillades entre nous, les rires que je connais autour de moi, danser dans les bars et sur les plages. Je veux faire le prochain voyage, retrouver mon camion et le bruit de la pluie sur la tôle, la nuit. Je veux accompagner mon père élaguer les branches et couper les troncs. À la lumière des plateaux, je crois que je préfère l'ombre des arbres… Je n'ai que dix-sept ans, je veux rentrer chez moi. Quand on me demande « Où c'est, chez toi ? », aujourd'hui je sais répondre : c'est partout où sont les miens.

L'émission touche à sa fin. Il reste peu de temps avant l'annonce des résultats. Alors, c'est vers elle que je vais, c'est à elle, à elle seule que je peux dire la vérité. Je lui prends la main à l'écart du plateau, autour de nous tout le monde s'agite, c'est la dernière coupure pub. Je m'effondre dans ses bras. « Mamà, je t'en supplie, prie pour que je ne gagne pas. » Je me souviens encore de son regard, ma mère a les larmes aux yeux. Elle me dit « Moi aussi, fils, je veux que tu perdes ». Elle voit ma tristesse et ma peur. Elle sait le poids que je porte sur les épaules, elle m'a entendu pleurer tant de fois au téléphone. Je ne suis pas prêt pour cette vie-là, je n'ai même pas eu le temps de la rêver.

Le plateau est en place, il faut remonter sur scène. Nikos reprend l'antenne. Nous sommes les quatre finalistes côte à côte. Je ne sais pas où je dois regarder, je redoute le moment où le prénom du vainqueur va sortir. Je sens l'excitation et la crainte qui se battent dans ma tête. Maître

Simonin fait son entrée, c'est l'huissier de l'émission. Il est là pour apporter les résultats. Nikos prend l'enveloppe. Il est très solennel, la pression monte encore, il commence à parler : « Les quatre ont ce point commun : c'est une génération qui n'a peut-être plus d'illusions, mais qui rêve encore. Qui est le gagnant ? Qui est votre gagnant de la saison 3 de *The Voice* ? Au terme d'une expérience artistique exceptionnelle de quatre mois, vous avez décidé, chers téléspectateurs, de sacrer "Plus belle voix de France"... » L'attente n'en finit plus, je ne sais pas comment font Amir, Maximilien et Wesley pour rester aussi calmes. Mon cœur va exploser. Je ne sais plus ce que je veux, gagner ou perdre, vivre cette incroyable aventure ou retrouver ma vie d'avant. Pendant que Nikos parle, j'ai un peu les yeux vers le bas. « Seigneur, s'il te plaît, fais que ce soit pas moi... » Le nom du vainqueur sort enfin.

À cet instant, dans ma tête, tout s'arrête. Le temps est beaucoup plus long à vivre que les images à regarder.

Je suis tétanisé, entre la peur et la fierté. Dans le public, je cherche la mamà du regard, j'ai envie de lui dire « Merde, t'as vu ça, j'ai gagné », et en même temps, d'un coup, je sens que je suis immensément heureux. Je n'ai jamais vécu un contraste aussi fort.

Mi vida

Ce soir, devant des millions de téléspectateurs, ma vie bascule.

Ce soir, Dieu en a décidé ainsi, je deviens Kendji Girac.

Chapitre 15

Une nouvelle vie

La France a donc voté pour moi. Je me retrouve vainqueur de cette troisième saison avec plus de 51 % des voix. C'est resté le record dans toute l'histoire de *The Voice* monde. Pour moi, avec la puissance vocale qu'il avait, je pensais sincèrement que c'était Wesley qui allait gagner, il était vraiment très doué et incroyable à écouter. Juste après la finale, je suis partagé sur ce que je ressens, je fonce voir ma famille dans le public, ils me disent « T'inquiète le Kendji, quoi qu'il arrive, nous, on est toujours là ». Ça me rassure. Je dois d'abord répondre à quelques interviews à chaud, puis je pars me changer. Il y a une grande fête organisée pour la fin de l'émission, dans un studio tout près de la salle où on tournait les *prime*. Quand j'entre, la salle est noire de monde ! Il y a les techniciens, les producteurs, les familles des autres finalistes, les quatre coachs, bien sûr, et aussi, Nikos. Il a été si bienveillant avec moi toute l'aventure… Dès le premier jour, aux auditions à l'aveugle, j'ai senti une vraie gentillesse de sa part, pour essayer de me rassurer. Par la suite, il est revenu saluer mes parents, sur les émissions. Il disait qu'il se reconnaissait dans ma famille, dans notre simplicité, dans notre sincérité. Il a tout de suite eu quelque chose de paternel à mes yeux qui s'est confirmé semaine après semaine. Encore aujourd'hui, c'est vraiment quelqu'un que j'admire. Ce soir-là, dans cette salle, il y a aussi beaucoup de gens que je ne connais pas. J'avance au milieu de la foule, ça me félicite à droite, à gauche, je serre les mains qu'on me tend. Enfin, j'aperçois mes parents, mon frère, mes sœurs, quelques cousins… De les retrouver là, je commence à savourer ma victoire. Je me dis « Ah ! Alors c'est ça, la jet set ! » Mes parents sont plutôt à l'aise, joyeux, la pression redescend pour eux aussi, ils sont étonnés de pouvoir parler avec Florent Pagny. Dans la conversation, Florent se tourne un moment vers moi : « Je savais pas que tu chanterais aussi bien, que tu avais autant de technique vocale. J'ai déconné, j'aurais dû me retourner ! » C'est un immense chanteur, ses mots me font chaud au cœur. Le padre est fier, moi aussi. Et puis je vois mon cousin Wy en train de danser sur la piste avec Karine Ferri. Il a quinze ans de plus que moi, mais c'est le plus *loco* de la famille, il a toujours le même enthousiasme. Le voir ici, dans cette fête, c'est magique. Ce soir-là, on fait une photo avec la *familia* tous ensemble, une photo que j'aime énormément et que je regarde souvent depuis : on est tous réunis, beaux à voir, et tellement heureux…

Après cette soirée incroyable, je rentre enfin dormir dans mon camion. Tout le monde est encore debout, les petits cousins, les petites cousines, ils ont tous veillé pour m'accueillir ! Je m'endors avec le sourire, ça y est, l'émission est finie. Je suis vraiment de retour chez moi.

Mais le repos est de courte durée. Le lendemain, debout 7 heures. Jennifer avait raison, c'est un marathon qui m'attend. J'enchaîne des heures d'interviews, de photos, de caméras. Comme les mêmes questions reviennent souvent, je commence à répondre plus facilement. L'exercice est assez répétitif, les journalistes sont bienveillants. Le soir même, je fais mon premier 20 heures. Avec le recul, je me dis que c'est fou de m'être retrouvé là du jour au lendemain. C'est quelque chose de faire un JT. Des millions de gens regardent, on y parle de sujets très sérieux et faut répondre en direct. Mais, du haut de mes dix-sept ans, je ne réalise pas du tout ce que ça représente à ce moment-là. Je suis plutôt détendu ; il y a le Mika avec moi, on est dans le couloir, on attend pour entrer ensemble sur le plateau. On croise alors le Premier ministre de l'époque, Manuel Valls. Il me parle tout de suite de ses origines espagnoles, on commence à échanger en catalan, sous le regard étonné de mon coach. Il a l'air intimidé mais je ne comprends pas pourquoi. Une fois que Manuel Valls repart, Mika se tourne vers moi : « Alors toi, t'es pas étonné de parler au Premier ministre ?! » Je lui réponds spontanément : « Ah bah non, pourquoi, c'est quoi le Premier ministre ? »

En parallèle de mon sprint médiatique, la tournée de *The Voice* démarre, une vingtaine de jours seulement après la finale de l'émission. La production m'envoie la liste des titres à travailler. Je découvre alors la grosse scène de tournée ; heureusement je ne serai pas seul, il y aura sept autres candidats : Élodie, Igit, Maximilien, Manon, Amir, Stacey et Wesley. Je ne me souviens pas des préparations, on a dû répéter, c'est sûr, surtout avant la première au Zénith d'Amiens. Moi, je me souviens juste du stress. Ce trac qui paralyse au moment de monter sur scène. Je faisais l'ouverture du show avec une reprise d'Amel Bent. Je vois encore les grands rideaux blancs face à moi, je me tiens debout, au milieu, avec les musiciens derrière. Dans la salle, j'entends hurler « Ken-dji ! Ken-dji ! », je me dis « Mais comment je vais faire ? » C'est trop dur, la pression est trop forte. Je m'essuie les mains, encore et encore, elles collent, j'ai peur de ne même pas réussir à jouer de la guitare. Je n'ai jamais été devant autant de monde en live.

Monter sur scène est un moment violent pour moi. Quand le rideau s'ouvre, ça me refait pareil que sur le plateau de *The Voice*, en pire. Mon corps est tétanisé et dans ma tête, au contraire, ça s'agite. J'ai deux pensées qui s'affrontent : il y a celle qui me fait chanter, m'appliquer sur ma voix, les paroles, ma guitare, et faire danser le public. Et puis, en même temps, une autre voix qui me juge : « Est-ce que c'est bien, ta façon de chanter ? Est-ce que les gens aiment ? Est-ce qu'ils ne vont pas regretter d'avoir voté pour toi ? » Depuis la vidéo de « Bella » j'ai l'impression d'être emporté par quelque chose qui me dépasse... Je doute encore de la place que je mérite. Tout s'est enchaîné si vite. Je me mets tellement de pression sur les épaules que j'ai du mal à profiter de l'instant. C'est seulement une fois de retour en coulisses que je respire.

Avec le temps, passé les toutes premières dates, l'ouverture du show est devenue mon moment préféré. Ces quelques minutes, juste avant que le rideau s'ouvre, sentir la foule tout près, si présente, c'est très intense. Mais c'est aussi une sensation contradictoire. J'ai toujours été un garçon timide parce que je ne voulais pas déranger les autres, être poli, discret, bien élevé. Là, je me retrouve sur le devant d'une scène, dans la lumière, c'est l'inverse de tout ce que j'ai appris de mes parents dans ma vie. Je pense que c'est aussi pour ça qu'il m'a fallu du temps pour l'accepter. Devenir connu, ce n'est vraiment pas une chose naturelle.

Au moment de la tournée, comme c'était le tout début de ma notoriété, le public n'avait pas encore eu beaucoup l'occasion de me voir ; alors, dès qu'on m'apercevait quelque part, c'était la folie. J'avais deux ou trois gardes du corps en permanence autour de moi. J'adorais les gens, le contact, les rencontres, mais je n'avais pas le choix : je devais être entouré pour gérer parfois les mouvements de foule. Il arrivait que des vitres se cassent dans les voitures, tellement il y avait de monde, ou encore que des personnes me courent après, m'encerclent, m'agrippent. Le but était simplement d'obtenir une photo, mais les choses pouvaient déborder très vite.

J'étais aussi un peu gêné qu'on crie mon nom plus que ceux de mes camarades. J'ai beaucoup veillé à ça pendant la tournée *The Voice*. Quand je fais équipe avec quelqu'un, j'ai envie qu'on partage tout au même niveau, je ne veux pas me sentir plus important. Ce n'est pas du tout ma façon de voir et de ressentir les choses. Je me souviens que sur une séance de dédicace, il y avait beaucoup de gitans qui s'étaient déplacés pour me rencontrer. L'un des talents présents n'avait pas bien vécu qu'il y ait autant de personnes pour moi. Faut dire que dans la file, ça parlait fort, ça se bousculait un peu, donc c'était peut-être impressionnant pour elle. On avait dû interrompre la dédicace ; la pauvre était partie en pleurant, blessée par la situation. Ça m'avait dérangé qu'elle ne le vive pas bien. Je comprenais que ça n'était pas toujours facile pour les autres, pourtant, c'est la seule fois où on me l'a fait ressentir.

Sur toute la tournée, on était vraiment une équipe. Ma victoire ne changeait rien entre nous, les talents étaient bienveillants, contents pour moi, on faisait le concert tous ensemble. Il n'y avait pas de mise en avant ou de traitement spécial : d'une date à l'autre, on alternait celui qui dormait dans une suite, pareil pour les loges, la production variait en fonction des jours, un coup j'avais une grande loge, la fois d'après j'avais la plus petite. Moi, ça m'allait très bien. J'ai retrouvé ça, cet esprit de communauté et de partage, avec la troupe des Enfoirés que j'ai eu la chance d'intégrer deux ans plus tard. J'aime beaucoup cette ambiance, l'idée d'être plusieurs sur scène et en coulisses, pas chacun dans son coin. C'est comme ça que j'ai grandi.

Entre juin et juillet 2014, on a fait une vingtaine de dates de concert. Mes meilleurs souvenirs sont l'ouverture et la reprise de « Un, dos, tres » de Ricky Martin que j'aimais beaucoup jouer à la guitare. On enchaînait trois, quatre shows, et je retournais sur le terrain, un peu. Mais parfois le trajet était trop long pour remonter jusqu'à la *campine* entre deux représentations, donc je devais prendre sur moi. Ça me rendait mélancolique. Stacey, une des candidates, elle voyait que je me parlais à moi-même dans le tour-bus ; le front collé à la vitre, je répétais « Il est où, mon petit chez-moi… », elle venait gentiment me réconforter. J'aurais pu vivre cette aventure comme un voyage ; après tout, on était souvent sur la route, on passait de ville en ville, un peu comme si on faisait la mission. Mais mon camion me manquait, ma vie toute simple me manquait. Malgré l'excitation de tout ce qui m'arrivait, le chagrin d'être loin des miens, de ma famille, de mon monde, me pesait toujours autant.

D'ailleurs, de cette tournée, je garde un moment triste en mémoire : le jour de mes dix-huit ans. On était en concert à Caen. Mon nouveau quotidien, c'était aussi des nouvelles obligations ; impossible de m'absenter quelques jours et de louper des dates, alors ce sont mes parents qui se sont déplacés. Pour l'occasion, ils m'avaient acheté une belle bague en or blanc et en or jaune. On était juste là, tous les trois, dans une petite loge à l'arrière de la scène, autour d'un gâteau avec une simple bougie. C'était sympathique et tout le monde sur place me l'avait souhaité, les équipes techniques, les autres talents, les musiciens, mais ça restait très loin de la fête dont j'avais rêvé… Pour mes dix-huit ans, je voulais rassembler tout le monde, tous mes cousins ! C'était important pour moi. Je suis longtemps resté très enfant sur la joie de célébrer les anniversaires. Ce jour-là a gardé le goût de la déception. Oui, il se passait des choses incroyables dans ma vie, mais moi, je voyais que j'étais triste le soir où je devenais adulte.

Chapitre 16

Color gitano

Le tourbillon ne s'arrête plus. En parallèle de la tournée *The Voice*, j'enregistre mon premier album. Je suis excité et j'ai vraiment à cœur qu'il me ressemble. J'imagine une sonorité moitié gitane, moitié pop ; j'ai peur de me retrouver à chanter des chansons qui ne sont pas vraiment moi. À l'époque, j'ai encore du mal à dire les choses, non seulement parce que je ne maîtrise pas très bien le français, mais aussi parce que je suis réservé dans les discussions. Je préfère rester silencieux, en retrait. Heureusement, pour m'aider à faire les bons choix, je suis accompagné d'Hakim. On s'est rencontrés au moment des auditions à l'aveugle. Il travaillait sur l'émission pour faire venir des artistes. À la fin de ma prestation, ce jour-là, il est venu me voir et il m'a dit qu'il me trouvait vraiment talentueux. Je l'ai senti sincère, on s'est tout de suite bien entendus et liés d'amitié. Les semaines d'après, quand je le croisais sur les *prime*, j'étais à l'aise pour lui parler, lui confier combien je doutais, combien la pression était difficile à gérer, et surtout combien ma famille me manquait. Hakim était toujours de bon conseil, à l'écoute, jamais dans le jugement. Avant même que je gagne, il m'avait prévenu que beaucoup de gens allaient me proposer des affaires, des contrats, que je devrais être vigilant, ne pas m'éparpiller et faire les bons choix. Une fois la finale passée, pour m'aider, il m'a proposé de me présenter plusieurs managers. Il m'en a fait rencontrer trois, mais je n'ai pas accroché. Alors, j'ai fini par lui dire : « Écoute mon Hakim, si tu es d'accord, t'as qu'à me manager, toi. » Il n'avait encore jamais managé d'artiste, mais à mes yeux, c'était la meilleure chose à faire. Ça faisait des mois qu'on échangeait, il avait déjà rencontré ma famille sur l'émission, il s'entendait vraiment bien avec mon père. Il a eu la gentillesse d'accepter, c'est comme ça qu'on a commencé à travailler ensemble. Notre binôme est rapidement devenu un trio quand il m'a présenté Alban, quelques mois à peine après la finale. Hakim et lui se connaissaient depuis plusieurs années, ils partageaient une grande amitié et avaient confiance dans le talent de l'autre. Alban a tout de suite su trouver les mots avec moi, j'ai aimé sa vision artistique, ses valeurs et sa présence au quotidien. Et puis j'ai vite ressenti combien Hakim et lui étaient complémentaires pour m'aider dans ma carrière. Notre équipe avait la force d'une évidence. Depuis, dix ans ont passé, tous les trois, on a eu des moments magiques et quelques belles engueulades ; on est comme une famille.

Il faut préparer la pochette de l'album. Universal, ma maison de disques, organise une séance photo à Paris, entre deux dates de la tournée. On me coiffe, on me maquille, on choisit le stylisme. J'avais pris l'habitude qu'on me prépare sur les émissions, mais là, l'équipe ne vient que pour moi. C'est peut-être la première fois que je me sens devenir « quelqu'un », je réalise combien les choses ont changé dans ma vie en peu de temps. J'ai apprécié ce shooting, j'ai encore les photos dans mon téléphone : j'ai mon dégradé de barbe et les cheveux bien comme il faut, je suis tout fier, je prends des poses de dur pour faire genre, j'ai les narines gonflées par la fierté ! Je ne sais pas pourquoi j'essayais de me donner un air très assuré, alors que dans ma tête, je ressentais tout l'inverse. Quand je me revois dessus, je me dis « Trop méchant mon frérot, détends-toi du regard ! » C'était mon petit côté rebelle, un peu voyou, qui ressortait devant l'objectif. J'étais jeune, j'avais besoin de faire le coq, et je crois qu'à ce moment-là, j'étais plus sûr d'être beau gosse que bon chanteur !

Pour l'enregistrement de mon tout premier single, je veux faire une chanson sur les gitans, sur mes valeurs, mes couleurs, c'est très important à mes yeux. C'est comme ça que « Color gitano » est née. Hakim me fait rencontrer Renaud Rebillaud. C'est un compositeur qui collabore avec de nombreux artistes. C'est lui qui avait travaillé sur « Bella » et d'autres chansons avec Gims. Il est incroyablement doué. Depuis, on a passé tellement de temps ensemble, le Renaud et moi… J'ai du mal à me souvenir que ce jour-là, je le voyais pour la première fois ! Sur cette chanson, il y a aussi Matthieu Mendès et François Welgryn à l'écriture. En entrant au studio, je suis très excité, je vais enfin chanter un titre pour moi tout seul. Jusque-là, je ne chantais que des reprises. Mais la première version qu'on me fait écouter me refroidit direct. Je ne me retrouve pas du tout sur la maquette, ça prononce « gitano » avec un « j », « jitano » ! On est bien loin des gitans, et le rythme n'est vraiment pas gipsy mais carrément rock. Dans ma tête, je me dis « *Mamà*… Tu vois pas la chanson qu'ils m'ont faite… » Heureusement que je suis alors en studio avec eux, et qu'on peut tout de suite se mettre au travail, parce que seul, je pense que je n'aurais pas su entendre le potentiel de ce morceau ; j'aurais juste répondu à Hakim que je n'en voulais pas et je serais passé à côté. Là, je n'ose pas balayer la chanson en direct, je me dis que le texte et la mélodie sont bien, mais que je dois remettre de moi dans la rythmique, dans la façon de dire les mots et de poser la voix. Pour la première fois, dans ce studio, je prends naturellement la parole. « Faut ensoleiller tout ça les amis, rajouter des guitares, du rythme ! » Je gagne un peu en assurance. Je réalise surtout que ma musique est plus importante que ma timidité.

Le studio est un nouveau monde. En voyant la table de mixage, je demande « Ça sert à quoi tous ces boutons ? » On m'explique, mais je ne comprends rien. J'ai toujours chanté en live. Pour moi, la *música*, c'est juste une guitare et l'envie de chanter, c'est tout, je ne m'attendais pas à autant de matériel autour. Là, je dois refaire les prises, reprendre les refrains, rejouer les guitares séparément ; je découvre que le studio c'est de la couture, on assemble les choses les unes aux autres. Ça prend du temps. Sur le moment, on ne voit pas bien l'ensemble, mais à la fin, quand on écoute, c'est un peu de la magie, tout a pris forme ! D'entendre mes premiers enregistrements, c'est fou. Je m'amuse beaucoup, chaque fois que je sors de la cabine du studio, je suis impatient de découvrir le résultat. Sur *The Voice*, je ne me regardais jamais après. C'est donc vraiment les premières fois que j'entends ma voix enregistrée, ça me fait tout drôle.

On passe du temps en studio, je suis très impliqué. Je refais toute la guitare à ma sauce. Quelques jours plus tard, enfin, je reçois le son mixé par mail. Je suis sur une place, en mission, je viens de rejoindre mes parents, je ne sais plus où, quelque part en France. Je suis stressé et confiant à la fois. Je branche l'enceinte, je rassemble tout le monde, et là, sur la terre d'accueil où on est installés, je fais écouter à mes proches « Color gitano » pour la toute première fois. Je suis très fier, très content du résultat. Je vois assez vite dans les regards que certains aiment, d'autres sont moins emballés. Mais ils ne disent rien, juste « Si, si Kendji… C'est bien ». Un peu mollement. Pour autant, ça ne me fait pas douter. Sur ce coup-là, je suis sûr de moi. Je sais que c'est le son que je veux faire et je sais aussi qu'il faut vivre un peu avec une musique pour vraiment savoir si on l'aime ou non.

Le single sort le 16 juin 2014. Je vis les choses d'assez loin. Je me dis simplement « Advienne que pourra ». J'espérais que ça marche, bien sûr, mais je ne mesurais pas encore complètement ce qui se passait pour moi. Tout allait si vite dans ma vie ces derniers mois… Le son se classe numéro 1 dès sa sortie, il est diffusé partout à la radio. Je suis surpris de m'entendre chaque fois que je tombe dessus.

Mais pas le temps de fêter ça, les semaines s'enchaînent, entre les séances studio, la tournée *The Voice*, les shootings photo, les interviews… Je travaille beaucoup. Un jour, après je ne sais combien d'heures de promo, je me plains un peu à Hakim. « Dis, mon Hakim, je ne comprends pas, je fais des heures à enchaîner partout, je vois plus personne de chez moi, mais quand est-ce que je suis payé ? Hein ? Je fais que ça, des interviews, travailler, être à l'heure, mais ils sont où les sous ? Je peux rien m'acheter et je peux rien offrir aux autres ! » J'avais pris l'habitude que les gens me payent dès que j'avais fini de faire un travail, une toiture ou l'élagage, donc je m'attendais à recevoir mon argent chaque fois que je passais une journée en studio ou que je sortais de scène. Hakim prend le temps de m'expliquer : dans la musique, ce n'est pas pareil que pour d'autres métiers, il n'y a pas un salaire fixe et des versements réguliers. Il met aussi les choses en ordre côté administratif ; dans ma vie, il y avait tout à faire, j'avais juste une pièce d'identité. Il me fait ouvrir mon premier compte bancaire. J'étais tellement fier… Depuis, j'ai gardé ma première carte bleue en souvenir ! Et une paye tombe enfin. Je touche 46 000 euros d'un seul coup. Je suis comme un fou… On est loin, très loin de mon petit contrat d'élagueur !

Ma première dépense est pour mes parents, évidemment. Je me souviens qu'on est mi-juillet, ils sont sur le voyage. La tournée vient de se finir, je décide d'aller les voir pour leur offrir un cadeau : une montre Breitling à mon père et un sac Lancel à ma mère. Je n'ai pas vu mes parents depuis qu'ils sont venus en loge pour fêter mes dix-huit ans, deux semaines plus tôt. Je les retrouve sur une place, il y a toute la mission, il fait beau, je suis de retour chez moi. Je ne peux pas décrire la fierté, immense, que je ressens quand j'offre ces cadeaux à mes parents. Je traverse le terrain, je marche vers leur emplacement. J'ai la poitrine gonflée par la joie. Il y a la *campine* et mon camion, ils sont juste là, en train de faire à manger. Quand je leur donne leurs cadeaux, ils n'en reviennent pas. Mon père me dit « Mais pourquoi t'as fait ça, petit, c'est énorme, fallait pas ! » et il me fait une grosse bise. Les marques d'affection sont si rares dans ma famille, surtout de la part du padre. La mamà pareil, elle est très contente. Je sens aussi que ça les rassure ; d'une certaine manière, ça rend toute cette histoire plus réelle. Il n'y a pas juste les paillettes, les lumières, les fans et les journalistes autour de moi. L'argent, ça dit que j'ai maintenant un vrai métier.

Chapitre 17

La Soraya

L'été est passé. On est en octobre 2014. Je vais bientôt rencontrer la femme de ma vie. Celle qui deviendra la mère de mes enfants.

Un mois plus tôt, en septembre, après le succès du single « Color gitano », mon premier album est sorti. Il s'appelle simplement *Kendji*. J'aime beaucoup la couleur et les sonorités qu'il a, j'en suis fier. Il se classe immédiatement en tête des meilleures ventes. En un an, on atteint 1,5 million d'exemplaires vendus. C'est incroyable. J'ai enchaîné plusieurs semaines de promo en France, et en ce début d'automne, je pars faire une télé en Suisse, *Les Coups de cœur d'Alain Morisod*. Je me présente au studio de l'émission avec ma guitare pour faire les balances, je connais « Color gitano » sur le bout des doigts et je commence à m'habituer aux plateaux. Les répétitions sont rapides. Après, avec Hakim et le garde du corps qui m'accompagne, on part dîner. On marche dans la rue, on cherche un restaurant. Là, sur ma gauche, je remarque deux jolies filles en terrasse. Moi, ça me suffit à me décider ; peu importe la carte, je dis « Venez les amis, on mange ici ! » Je vois que les deux *gadjis* parlent entre elles, elles jettent des petits regards dans notre direction. Soraya a l'air assez gênée, son amie glousse un peu, j'entends qu'elle lui dit « Mais pourquoi tu réagis comme ça, reste calme, c'est la honte ».

Nous, on s'installe à l'intérieur. Je ne veux pas m'imposer juste à côté d'elles. Une fois le plat terminé, je sors fumer une cigarette. Je fais exprès de bien prendre mon temps, pour être sûr qu'elles me voient passer. Son amie se lève et vient me voir, on commence à discuter. Elle est sympa et joyeuse. Soraya met un moment avant de nous rejoindre. Quand je la vois enfin arriver, je me dis « *Qué guapa*... Quelle femme ! » Jusque-là, je ne l'avais pas vue de près. Je la trouve immédiatement sublime. On commence à parler, la Soraya et moi, elle me demande ce que je fais là, j'explique que je suis un chanteur en France et que je suis venu ici pour une télé. Les deux amies veulent savoir si je suis connu, je réponds « Oui, un peu. J'ai gagné *The Voice* il y a quelques mois. Et mon premier album vient de sortir ». Elles ont entendu la chanson « Color gitano », mais elles ne connaissent pas grand-chose d'autre de moi.

Dans la conversation, je comprends que Soraya fête ses vingt-quatre ans dans une semaine. Alors, quand elle me demande mon âge, je lui réponds « Moi ? J'en ai vingt-trois ! » En réalité, j'ai seulement dix-huit ans, mais j'ai trop peur qu'elle s'en aille si je lui dis la vérité. La discussion est fluide entre nous, on se met rapidement à rire, l'ambiance est douce et détendue. Une demi-heure et quelques cigarettes plus tard, il est temps pour moi de repartir à l'hôtel et de me changer pour l'émission. Alors, je me lance :

— Les filles, ça me ferait très plaisir de vous revoir, vous êtes vraiment sympas. Tout à l'heure, vous voulez qu'on aille prendre un verre ?

— OK, bah si tu veux vraiment nous revoir, nous on sera à cette adresse, sur un rooftop, il y a une soirée, tu peux nous y rejoindre.

On finit l'émission vers 22 heures ; en sortant, je n'ai qu'une chose en tête, je dis direct « Venez, on va à cette adresse ! » Hakim n'est pas enthousiaste : « Non, non, ce n'est pas raisonnable. Il est déjà tard et on a du travail qui nous attend à Paris demain. » Mais moi, j'ai envie de me détendre et de prolonger un peu la soirée. Heureusement, mon garde du corps est partant et accepte de m'accompagner. Une fois arrivés sur le rooftop, je commande un mojito.

C'est en me retournant du comptoir, mon verre à la main, que je les trouve en train de danser : elles sont trois ou quatre copines, Soraya se déchaîne au milieu de la piste. En la voyant là, si libre, je sens un petit sursaut dans mon cœur.

— Salut.

— Ah, t'es venu !

Visiblement, elle ne s'y attendait pas trop. Mais elle a l'air contente, ça me met en confiance. On recommence à parler, on rit, on danse ensemble. La soirée est vraiment agréable. On part vite s'asseoir à une table, un peu en retrait des autres, pour passer plus de temps tous les deux. Un troisième mojito commence à me faire flancher. Vers 2 heures du matin, je crois, le bar ferme. Moi, j'ai la tête qui tourne et la fatigue qui monte :

— Merci beaucoup, c'était une super soirée, je vais rentrer à mon hôtel.

Pourtant, au moment de partir, l'idée de quitter Soraya me met mal, je décide de tenter ma chance :

— Écoute, je n'aime pas la solitude, et depuis que je suis un peu connu, je me sens souvent seul, je déteste ça.

Soraya me regarde avec ses grands yeux magnifiques, je n'y vois pas de jugement, elle me dit simplement :

— Je ne veux pas te vexer Kendji, mais on se connaît depuis quelques heures, je ne vais pas te suivre dans une chambre d'hôtel, je ne suis pas comme ça.

— Non, je te promets que ça n'est pas dans cette intention. Je me sens vraiment seul… J'ai juste envie qu'on discute encore un peu, pas te dire au revoir comme ça, maintenant. Je te promets qu'il n'y aura aucune tentative, rien.

Là, contre toute attente, elle accepte. Elle insiste sur le fait qu'il n'y aura rien de plus entre nous. Mais en réalité, je pense qu'elle a senti que j'étais sincère, que je n'essayais pas de l'embobiner ou de me moquer d'elle.

En arrivant dans ma chambre, je fume une cigarette, ça me fait monter l'alcool encore plus, j'ai la tête qui tourne. Je m'allonge sur mon lit. Elle voit que je suis pâle, que je ne fais pas de cinéma. Elle part dans la salle de bains et revient avec une petite serviette qu'elle a passée sous l'eau froide. Elle me lave doucement le visage. Ça m'aide à me sentir mieux. Je me dis « Cette femme est incroyablement gentille et bien intentionnée ». Ce geste m'a énormément touché.

Au petit matin seulement, alors qu'il ne s'est rien passé de plus entre nous, on s'embrasse. C'est tendre et pudique. Je me sens fondre. On échange nos numéros, je repars à Paris et elle reste chez elle, ici, à Genève.

Les jours d'après, je me dis que j'ai vraiment fait une rencontre étonnante. On s'envoie des sms, on s'appelle. Je pense beaucoup à elle. Je profite finalement d'une journée off pour prendre le train et repartir en Suisse, une semaine plus tard. C'est la première fois que j'ai envie de revoir une femme depuis que j'ai gagné *The Voice*. On est tous les deux stressés de se retrouver. On s'est donné rendez-vous au McDo, comme deux adolescents. Je n'ose pas croquer dans mon hamburger, de peur de me salir ; devant elle, je veux être un homme parfait ! J'ai toujours ce besoin de perfection quand les choses ou les gens comptent vraiment pour moi. C'est Halloween, on part ensuite dans une grande fête, il y a des amis à elle, des amis d'enfance, sa sœur, on est quatre ou cinq. On arrive dans un très grand endroit qui s'appelle L'Usine, je crois. Il y a près de 3 000 personnes. Moi, je suis tout seul, sans mon staff ni ma sécu. J'ai perdu l'habitude d'être dans lieux publics sans être accompagné, mais ici, on ne me reconnaît pas. Je suis tellement content de passer du bon temps avec elle, c'est une très belle soirée…

Je dois repartir dès le lendemain, j'ai des rendez-vous qui m'attendent à Paris. Au moment de se quitter, elle me pose des conditions. Je ne m'y attendais pas ! « Maintenant que tu es revenu me voir, Kendji, tu ne te moques pas de moi. Si tu es juste là pour un plan d'un soir, ça ne m'intéresse pas. Tu peux me laisser tout de suite. » Son tempérament me charme. Je la rassure, non, je ne me moque pas d'elle, elle me plaît vraiment.

Je lui propose de venir à Paris après un premier mois de relation. Entre-temps, je reviens à Genève trois ou quatre fois. Ce jour-là, je l'attends gare de Lyon avec un chauffeur et un grand bouquet de fleurs quand elle sort du train. Je suis très fier de pouvoir lui montrer qu'ici, je suis un petit quelqu'un, qu'on me connaît, que j'ai un peu une vie de star. Mais Soraya ne manifeste pas grand-chose. Je lui mets les petits plats dans les grands, je l'emmène dans des restaurants très luxueux, je lui sors une belle voiture, pourtant rien ne semble l'impressionner, elle ne réagit pas. Avec le recul, je sais qu'elle a fait exprès ! Elle voulait rester fière. Ça fait partie d'elle, et je ne peux que la comprendre.

Les semaines passent et les choses avancent bien entre nous, je sens que je m'attache vite et très fort à elle. Mais ressentir ça me fait aussi stresser. Une part de moi a tout le temps envie de la voir, l'autre panique de s'attacher autant. Il faut savoir qu'un gitan ne se marie pas avec une *gadji*, c'est très mal vu par la communauté. On grandit en sachant que c'est une chose qui ne se fait pas, qui ne s'envisage même pas. Alors, plus mes sentiments montent, plus je sais qu'il va falloir que je mette un terme à cette histoire… Du temps passe encore, je n'y arrive pas. Je freine la discussion, je repousse le problème, je sens que je ne veux pas avoir à la quitter. Finalement, je fais le lâche. Oui, je me suis mal comporté. J'ai commencé à lui donner moins de nouvelles, j'ai fui la situation. Je me suis dit qu'elle allait vite en avoir marre et qu'elle allait se détacher. Ça a marché… Après quelques jours de silence, j'ai reçu un message clair : « Bon, je vois que tu ne me réponds plus, je ne sais pas ce qui t'arrive, t'es trop bizarre. En tout cas, moi, je n'ai pas que ça à faire, quelqu'un qui ne me répond pas, c'est simple, autant que ça se termine tout de suite. Toi et moi, on s'arrête là. » Ses mots me brisent le cœur. Alors que je pensais être soulagé, je redoute de la perdre pour de bon. Et puis, je me sens très mal de mon attitude, de ne même pas avoir réussi à lui expliquer les choses. Je finis par lui écrire : « Pardonne moi, mon bébé, j'ai eu peur, pardon si je t'ai fait de la peine, je ne peux pas te laisser, je ne veux pas. Si tu en as encore envie on reprend notre histoire, j'y tiens beaucoup. Viens, on continue ensemble. Je ne te laisserai plus jamais, je serai toujours là pour toi. Pardon. »

À partir de là, entre Soraya et moi, il y a eu des hauts et des bas, et ils nous appartiennent, mais j'ai tenu parole : on ne s'est plus lâchés.

Chapitre 18

Une gadji dans la famille

Nos sentiments prennent de l'ampleur. Mais l'amour que je ressens pour elle n'efface pas mes craintes. Je sais que cette relation va être difficile à faire accepter à la famille. Je le sais depuis le départ. Passé quelques mois, j'en parle à ma grande sœur Sophie. Elle ne le prend pas bien du tout : « Quoi ? *Ques ka fa* Kendji ! Tu peux pas aller avec une *gadji*. Tu dois la laisser, cette fille ! » Je me doutais de sa réaction, mais ça ne me fait pas plaisir à entendre. Elle ne tient pas compte de mes sentiments, elle ne me parle que de la tradition. « Moi, je ne veux pas la laisser. C'est elle, et c'est comme ça. »

Plusieurs semaines après cet échange, un midi, alors qu'on s'apprête à manger sur une place où on est installés en Dordogne, la Sophie ouvre le sujet exprès devant les parents. On est assis tous les quatre ; d'un coup, elle lance à table :

— Et alors, Kendji, tu vas la laisser ta copine ou pas ?

Je jette un regard noir à ma sœur. La mamà fronce les sourcils.

— Hein ? Quelle copine, mon fils ? Dis-moi.

Sophie raconte à ma mère la situation. À son tour, elle se fâche :

— Tu ne peux pas faire ça, mon Kendji, tu dois te marier avec une gitane ! Je veux pas d'une fille comme ça ici chez moi ! Mais t'es fou, non ? Qu'est-ce qui se passe ?

— Je suis pas fou, Mamà, je suis amoureux. Moi, ça ne me dérange pas qu'elle soit une *gadji*, je l'aime, c'est tout.

Jusque-là, le padre était resté silencieux. Mais il a dû ressentir ma détermination, alors lui aussi il devient rouge.

— Ah oui, fils ? T'es amoureux ? Eh bah je veux pas d'elle ici ! Si c'est ça, tu dégages de chez moi !

Ses mots sont de trop. Je m'emporte, la situation me blesse. Je tape sur la table de toutes mes forces, des verres tombent, je n'en reviens pas que mes parents me disent une chose pareille. J'avais beau savoir qu'ils réagiraient mal, je suis profondément déçu et triste de leur réaction. Je me lève, je crie :

— C'est moi qui décide ! C'est ma vie !

Je renverse ma chaise, je pars furieux. Sous le coup de l'énervement, j'ai une réaction de gamin.

Je le regrette. Je monte dans ma voiture et je démarre précipitamment, je veux quitter le camp et la *campine* à toute vitesse. En sortant, je coupe la route à un poids lourd. Heureusement que ma voiture est très rapide pour l'accélération, et que j'ai le temps de passer *in extremis*… Au loin, j'entends ma mère hurler de peur.

Je n'ai pas parlé à ma famille pendant quatre ou cinq jours. Ça n'était jamais arrivé. Je suis parti chez des cousins, à gauche à droite, j'ai aussi dormi une nuit à l'hôtel. Ils ont essayé de me joindre, mais ils n'ont pas insisté. La mamà savait que j'avais besoin de temps pour redescendre. Une semaine après, enfin, je suis revenu sur le terrain sans leur adresser un mot. On n'en a plus jamais reparlé entre nous. Ils ont compris que mon choix était fait, qu'il n'y avait rien d'autre à dire.

La seconde partie de l'acceptation, c'est la première fois que j'ai amené Soraya sur le camp. Ça faisait presque un an qu'on était ensemble. Un jour, je lui ai demandé : « Est-ce que ça te dirait de venir vivre ma vie dans la caravane ? » Jusque-là on ne se retrouvait qu'à l'hôtel ou chez elle, en Suisse. Elle était partante et curieuse de voir ma « vraie vie », mais très stressée de savoir comment mes parents allaient réagir. J'ai prévenu ma mère. Je ne lui ai pas demandé si elle était d'accord, je lui ai juste dit que j'avais invité Soraya à venir chez moi. On était alors installés avec les caravanes sur le terrain du 91, en Essonne. Il avait plu toute la semaine avant son arrivée. Beaucoup. Le terrain était couvert de boue, c'était une vraie pataugeoire. Moi qui espérais rendre ça un peu joli, charmant, Soraya allait découvrir la version gadoue ! Fini la belle vie, les voitures de luxe, les grands restaurants, là, elle allait voir une autre partie de moi. La partie la plus importante de qui je suis. Mes racines.

C'est le soir, la nuit est tombée. On entre en voiture sur le camp. Ma *campine* est installée au fond du terrain, on doit tout traverser. Mes cousins, même la famille plus éloignée, les vieilles, les enfants... tout le monde est dehors et nous regarde passer. Il y a une trentaine de caravanes, ça fait à peu près soixante-dix, quatre-vingts personnes. J'étais fier d'amener la Soraya chez moi, mais je savais aussi comment les autres allaient réagir, les « on dit », l'observation, la curiosité. On vit tous ensemble, les uns près des autres, alors quand quelqu'un amène une nouvelle personne, surtout une personne qui n'est pas de la communauté, tout le monde vient voir !

Je sens que Soraya est intimidée, mais elle ne le montre pas. Elle m'impressionne. Je lui présente ma mère. Ce jour-là, la mamà avait des bottes de jardin aux pieds ! Il faisait froid, encore un peu pluvieux. Le décor, ça ne vendait pas du rêve. Ma mère lui dit bonjour, lui fait la bise en lui souhaitant la bienvenue. Je comprends tout de suite qu'elle veut la mettre à l'aise. Elle fait un effort pour moi, elle voit que Soraya a l'air gentille, alors, même si ce n'est pas ce qu'elle veut pour son fils, elle tient à faire les choses bien. Ce moment m'a touché. Parce que c'était sa manière à elle de respecter mes sentiments. Les gestes, c'est ce qui nous lie. On n'a pas besoin de tout se dire. Entre nous, les attentions parlent plus que les mots. La Sophie est là aussi, elle lui dit bonjour à son tour. Elle la dévisage un peu. Mon père n'est pas présent quand on arrive. Je me dis que ça n'est pas plus mal, une rencontre après l'autre… Ensuite, avec Soraya, on part s'installer tous les deux dans ma caravane. Je viens tout juste de l'acheter, c'est ma toute première *campine* depuis que j'ai lâché mon camion.

Elle découvre l'intérieur, c'est joli, bien aménagé, bien ordonné. Ce sont des endroits très chaleureux, on s'y sent tout de suite bien. Je suis très heureux de lui montrer ça, mon décor, et je sens Soraya très curieuse de tout. Elle trouve ça bizarre de dormir dans un si petit espace quand on a les moyens de s'offrir autre chose, mais elle perçoit aussi le charme. Dehors, quand il pleut, on entend la pluie frapper sur le toit. Ce bruit-là, on ne peut plus jamais l'oublier. Je vois aussi dans son regard qu'elle réalise : elle vit en Suisse et elle se retrouve là, sur un camp gitan les pieds dans la gadoue. La situation nous amuse. On se détend, on se met à rire, et on sort dîner au resto tous les deux. C'est encore un peu tôt pour s'emballer à dîner tous ensemble autour du feu !

Mon père la rencontre le lendemain, il lui dit bonjour très tranquillement, mais sans plus. Pour cette première fois sur le camp, Soraya reste trois jours. Elle découvre tout ce que je suis. Au moment de repartir, je lui explique, c'est important pour moi qu'elle sache : « Si on vient à continuer ensemble, ça sera cette vie-là. Pour rien au monde je ne la changerai. »

Ma famille c'est une chose. Mais la sienne en est une autre ! J'ai rapidement fait la connaissance de son père, parce que Soraya vivait chez lui à Genève quand on s'est rencontrés. J'ai tout de suite ressenti une grande confiance et une bonne estime de sa part. Par la suite, il est aussi venu chez nous, sur le camp. Il a vu mes parents au bout de trois ou quatre ans de relation. Le soir des présentations, c'est moi qui cuisinais, j'avais fait des canards à la broche, il a bu un coup avec le padre, on s'est régalés. Tout le monde s'entend très bien depuis des années, on apprécie chaque fois se retrouver autour d'un bon repas. Il a gardé ses racines portugaises très fortement, il a un esprit familial, on partage cette valeur-là.

Nos mères, en revanche, elles ne se sont encore jamais croisées… On craint un peu la rencontre de leurs deux caractères ! La mère de Soraya est très directe, elle peut être raide dans ses paroles. Et elle était moins d'accord que son père pour notre histoire ; je suis gitan, ça l'inquiétait beaucoup pour sa fille. Dès le départ, et même après m'avoir rencontré, elle avait de la méfiance envers moi. Je le ressentais, et d'ailleurs elle ne me le cachait pas. C'est une personne franche. Les choses étaient claires entre nous, une vie nomade n'était pas ce dont elle avait rêvé pour son enfant, et le fait que je sois connu n'arrangeait pas la situation. Au contraire, elle aurait préféré que sa fille travaille, qu'elle reste totalement indépendante. Quand j'ai rencontré Soraya, elle avait fini ses études de commerce, elle travaillait depuis peu chez Rolex. Mais, entre mes tournées en France et sa vie en Suisse, c'était compliqué pour se voir. Alors, une fois les choses devenues sérieuses entre nous, je lui ai proposé de venir vivre avec moi, de m'accompagner sur mes tournées, pour qu'on passe plus de temps ensemble. Elle a mis un bon moment à accepter. Elle aussi voulait rester autonome. Ça lui faisait peur. Elle me disait « Si jamais on se sépare, je deviens quoi après, moi ? » Je comprenais bien son inquiétude. Elle craignait de tout perdre, elle ne voulait pas devenir une groupie qui suit son amoureux partout. Et je trouvais ça très élégant qu'elle ne veuille pas faire reposer toute notre histoire sur mes épaules. Avec le temps, le lien entre sa mère et moi ne s'est pas vraiment fait. C'est dommage, mais ça ne veut pas dire qu'il n'existera jamais. Maintenant que je suis devenu père, je crois aussi que j'arrive à mieux comprendre certaines de ses réactions.

Au début de notre relation, il est vrai qu'on a un peu souffert Soraya et moi. En plus du désaccord de nos parents, Hakim non plus ne tenait pas à ce que notre histoire soit trop vite officielle. Alors, on évitait de se montrer ensemble. Soraya descendait du tour-bus avant moi sur les concerts, pareil quand on arrivait dans les hôtels. Elle était toujours un peu cachée. On ressentait tous les deux beaucoup de stress autour de ça. Hakim avait cette crainte que les fans ne voient pas d'un bon œil mon couple, je n'en étais qu'au début de ma carrière, les gens me découvraient, il ne fallait pas tout exposer ; à sa façon, il voulait nous protéger, nous aider à préserver notre intimité. Dans nos familles, rien n'était simple, et on devait aussi gérer la distance. Ça faisait beaucoup. Le public savait pourtant bien que c'était ma copine ; passé quelques mois de relation, des paparazzis nous avaient pris en photo. Moi, je ne voyais pas le problème, on ne faisait rien de mal à s'aimer ; je suis artiste, ma vie privée me regarde, et je sais que le public respecte vraiment ça. D'ailleurs, finalement, je n'ai jamais eu à annoncer ou à officialiser notre histoire. Le fait qu'on ait notre merveilleuse fille ensemble, quelques années plus tard, ça a suffi à dire qu'elle était ma femme et qu'elle ne quitterait plus ma vie, ni moi la sienne.

Aujourd'hui, Soraya est adorée par ma famille. Elle y a toute sa place. Elle est mon amour, ma meilleure amie, ma sœur, ma complice. Elle est, par-dessus tout, la mère de mes deux enfants. Devenir parents ensemble a été plus fort et plus grand que tout. Pourtant, on n'a pas franchi le cap du mariage. On s'en parle souvent, mais on ne projette pas la même fête… Soraya hésite parce qu'elle aimerait un mariage classique, plutôt sobre et conventionnel ; elle n'est pas emballée par l'idée d'une cérémonie à la sauce gitane. Il faudrait trouver un moyen de mêler ses attentes aux coutumes de chez moi qui sont parfois plus exubérantes ! De mon côté, c'est surtout parce qu'une toute dernière chose persiste, cachée dans le coin le plus attaché aux traditions gitanes. Je viens d'une communauté millénaire. Je sais bien que certaines valeurs paraissent rigides, ou dépassées, comme le fait de ne pas épouser une non-gitane, une *gadji*, mais j'ai grandi avec et je les porte en moi. Il n'est pas si facile d'arracher ses racines. Soraya me comprend. J'ai changé beaucoup de choses pour elle. Grâce à elle. Je le ferai encore, parce qu'elle m'en a laissé le temps. Notre plus belle preuve d'amour, entre nous, ce sont nos enfants.

Chapitre 19

Derrière le sourire

Quatre mois après la sortie de mon album démarre ma première tournée solo. Il ne s'agit plus d'une chanson ou deux dans une émission, ni de quelques titres dans une tournée collective, je dois cette fois assurer un show d'1 heure 40… tout seul. Pour me préparer, j'enchaîne dix jours de répétitions. J'ai besoin de voir ce que ça donne de chanter vingt-cinq chansons sans m'arrêter. Est-ce que ma voix peut tenir le coup ? Je n'ai jamais chanté si longtemps. Alors, pendant les balances, je ne m'économise pas, je fais l'inverse de ce que font les artistes expérimentés, je pousse chaque titre à fond, à m'en irriter la gorge.

Avant de me produire dans les plus grandes salles, j'ai une première représentation au théâtre de Longjumeau, le 14 janvier 2015. Un an plus tôt, presque jour pour jour, commençait *The Voice*. Dans la salle, ce soir-là, il y a près de 1 000 personnes, je crois. Bien sûr, j'ai travaillé ma musique, mais faut aussi que je parle un peu, sur scène, que j'assure moi-même les transitions entre les morceaux, que j'échange avec le public. Je ne suis pas sûr de mon vocabulaire, ça me rajoute une grosse pression. Chez moi, dans la *campine*, je m'entraîne à faire des phrases simples : « Alors, ça va ce soir ? » « Vous êtes chauds ? » « On continue ? » J'ai à cœur que le public soit comblé, qu'il profite à fond de ce moment, qu'il reparte heureux de sa soirée.

J'ai aussi mes propres musiciens. Je rencontre des gens extraordinaires, on s'apprête à partir sur la route ensemble pour plusieurs mois, on est très enthousiastes. Il y a notamment Antonio El Titi, un homme formidable et très bon guitariste. Il est plus âgé que moi, mais on rigole beaucoup ensemble. Comme il est gitan, on se comprend facilement. Il m'a épaulé musicalement et moralement toute la tournée. Parce que si je garde en tête de très beaux moments, plein de souvenirs joyeux et festifs, la peur de décevoir le public et le stress de monter sur scène me dévorent peu à peu.

La date du premier show à Longjumeau est là. La journée avance, je compte les heures avant le concert. Je finis par répéter que je ne vais pas y arriver. Gérer ce trac, c'est impossible. Autour de moi, Hakim, Alban, mes proches, les musiciens, tout le monde essaie de me rassurer ; ça ne change rien, je me sens vraiment mal. Je n'ai jamais vomi avant de monter sur scène, mais je comprends les artistes à qui ça fait ça. Il se passe tellement de sensations au niveau du ventre, entre les papillons, l'excitation d'être avec le public, de partager la fête, mais l'angoisse d'être seul dans la lumière, ça enlève 50 % des forces, je pense. Une fois sur scène, ce soir-là, je retrouve encore cette impression de me détacher de moi-même. En pleine chanson, je peux me dire « Mais pourquoi tu danses comme ça ? C'est ridicule ». « Sois plus souriant, t'es trop crispé là ! » Je me parle tout en chantant, comme si je me voyais faire de loin, je deviens mon propre spectateur… Un spectateur très exigeant.

À la fin du concert, les gens applaudissent longtemps, je retourne en coulisses avec de la joie, je suis très fier de l'avoir fait. Mais, après cette première, je sais qu'il me reste encore soixante-quinze dates, et qu'elles sont toutes complètes…

Chaque fois, je dois dépasser ma peur. Je prie beaucoup avant d'entrer en scène. Je ressens le besoin de me retrouver au calme, de me chauffer la voix, je me chante des cantiques dans ma loge, pendant au moins 45 minutes. Et puis, comme la pression ne redescend toujours pas, je commence à prendre d'autres habitudes. Plus mauvaises.

J'avale un verre, puis deux, de whisky ; ça m'apaise. Ça endort les questions dans ma tête et cette peur de ne pas être à ma place ; je monte sur scène plus détendu. Ça me remet un peu dans l'ambiance où je jouais avec les cousins dans les bars, avant d'être connu. J'essaie de gérer comme je peux, je pense avoir trouvé une solution. En réalité, l'alcool n'aide à rien, je l'ai compris plus tard, juste avant de me mettre à écrire ce livre. Ça étouffe ce qu'on ressent, mais ça ne règle pas les problèmes.

Pour être honnête, les années avant *The Voice*, au fond de moi, je savais que je n'allais pas dans la bonne direction. Le padre avait raison, à partir de quinze ans, je ne pensais qu'à sortir. L'alcool était déjà présent, toujours lié à la fête, aux bons moments. Au camp, près des feux, si je me servais un verre, mon père ne disait rien, il n'est pas rare chez les gitans que les fils boivent un peu en préparant les grillades. Mais il suffisait qu'il me regarde en gonflant les narines pour que ça me passe l'envie de m'en resservir un. En tout cas, pas devant lui ! Parce que sur les plages, dans les bars, je ne me posais pas la question. À ces âges, je ne pensais pas du tout que l'alcool pouvait devenir un poison. D'une certaine manière, *The Voice* est arrivé au bon moment. Ça m'a obligé à me recentrer. À travailler vraiment, à prendre un vrai rythme. Mais le début de ma carrière a été si rapide… Quand la notoriété m'a attrapé, j'étais encore adolescent. Mon insouciance, faire les choses sans me préoccuper du regard des autres, ça je l'ai perdu d'un coup. C'est ce que je regrette. Ça n'a rien à voir avec la musique. J'ai toujours aimé chanter, c'est un besoin vital pour moi. Et la guitare est dans mes mains et dans ma vie depuis tant d'années... Mais une part de moi a été privée de vivre pleinement, du jour au lendemain. Après la finale, dans les lieux publics, je savais que j'étais observé. Je n'étais plus dehors, sur les places, à traîner avec les cousins, juste à rigoler sans penser à rien. Je devais faire attention à ce que je disais, à ce que je faisais, être à la hauteur, être un bon exemple pour les plus jeunes, un garçon souriant dans la presse et sur les plateaux, bien éduqué, et donner aussi une belle image de la communauté gitane. À force, d'ailleurs, je pense que je me suis montré assez lisse. Trop parfait. Par peur de décevoir ou de dire une connerie. Surtout, je n'ai pas pris le temps de digérer tout ce qui m'arrivait.

Après l'émission et mes premiers succès, je ne me suis plus arrêté jusqu'en 2017. Du non-stop. J'ai enchaîné deux albums et j'ai fait plus de cent Zénith en un an, rien qu'en 2016. Je ne me rendais plus compte que j'avais des milliers de personnes devant moi tous les soirs. La musique restait essentielle à mon cœur, les gens aussi, mais j'avais de plus en plus de mal à accepter ce qu'il y avait autour : les impératifs, l'organisation, les interviews, le côté « professionnel » qui prenait toute la place. Pour moi, chanter et jouer de la guitare, c'était d'abord une passion, quelque chose de spontané, d'instinctif. Je trouvais ça frustrant d'avoir une chanson précise à faire pour chaque promo et l'impression à la télé de sourire sur commande. La musique, ça se vit, ça vibre, ça ne se décide pas à heure fixe. Je me sentais m'éloigner de ce qui m'animait vraiment.

C'est à partir de là que j'ai commencé à me lâcher plus souvent. Sur la deuxième tournée, surtout. Cette sensation d'étouffement, de ne pas pouvoir respirer à fond devenait très présente. Quand je travaillais à Paris, les soirs où Soraya rentrait chez elle en Suisse, plutôt que de rester solo à l'appartement ou à l'hôtel pour me reposer, je ressentais le besoin de sortir, d'aller au resto et en boîte. Je me suis mis à dépenser de l'argent n'importe comment, pour rien, je restais dehors et tard. Les sous ça rentrait facilement, je pouvais maintenant m'offrir beaucoup de choses, je régalais tout le monde. Je gagnais plus que tout ce que je n'avais jamais osé espérer, mais je le vivais un peu comme une prison dorée. Le reste du temps, je voyais passer des vidéos sur les réseaux, les cousins étaient toujours ensemble, ils continuaient de s'amuser partout sur le voyage ; eux, ils ne se posaient pas de questions, ils n'avaient pas d'inquiétudes, aucune pression à gérer. Je les enviais tellement, certains jours, de les voir dans un petit parc à jouer au foot ou sur une plage à se baigner. *Mi vida*, la vraie, elle était là. Je me disais parfois « Donne-moi un sac de diamants, je te l'échange contre un bon barbecue sur un joli terrain, entouré des gens que j'aime. Ça, ça vaut plus que tout l'or du monde… » Alors, une fois lancé en soirée, je voulais profiter à fond, moi aussi. Rattraper les fêtes que je manquais le reste du temps. Rattraper un morceau de mon adolescence, aussi, comme s'il fallait que je retrouve quelque chose que j'avais perdu en chemin.

J'ai commencé à boire souvent, et trop ; je délaissais ce que j'avais à faire le lendemain, je ne tenais plus toujours ma parole et mes engagements. Après une grosse soirée, la fatigue prenait le dessus. Mon équipe devait parfois justifier mes retards, mes excès, mes absences. Alban surtout, qui est toujours si bienveillant avec moi, il voyait bien que j'avais souvent la flemme, moins d'envie pour faire les choses. Mes parents aussi se sont mis à s'inquiéter, ils me prenaient les clés de la voiture pour que je ne parte pas avec, si j'avais trop bu. Le padre répétait : « Regarde petit, arrête, fais tes affaires, tu fais qu'à sortir. » Soraya me conseillait de lever le pied, de ralentir. On faisait la fête ensemble quand elle était à

Paris, mais elle trouvait que parfois j'exagérais. Moi, c'était ma seule distraction. Je n'avais pas l'impression de faire du mal à qui que ce soit. Je voyais bien que je tirais un peu, mais c'était dans la joie et la bonne humeur ; je me disais simplement « C'est comme ça, je travaille beaucoup, je suis jeune, j'ai aussi le droit de kiffer, de me détendre ! » Je ne mesurais pas l'impact sur ma vie, sur les autres, sur mon corps. Je ne buvais pas parce que j'étais triste ou que je me sentais mal, donc je n'avais pas l'impression de m'abîmer. Au contraire. J'appelais les cousins, comme quand on était sur les terrains en mission, et on partait en groupe profiter de la soirée. Quand ils étaient trop loin, ça m'arrivait aussi de sortir avec de nouveaux amis, des *gadje* rencontrés plus récemment. C'était un lien un peu superficiel peut-être, plus éphémère, mais on s'amusait bien. Je pense qu'à ce moment-là, ils étaient contents de profiter de ma notoriété et moi de leur présence.

À la fin de l'année 2017, j'ai fini par dire à mon équipe : « J'ai vraiment besoin de faire une pause. » Hakim et Alban ont compris, ils m'ont soutenu dans mon choix. Retrouver ma famille, rester à Périgueux, chez moi, la ville où je suis né, revoir tout le monde, les plus petits qui avaient grandi, les anciens qui avaient vieilli. Retrouver le goût du temps, des choses qu'on fait sans y penser, sans obligation…

Cette parenthèse de quelques mois, ça m'a fait beaucoup de bien.

Ma mère, de ce que je ressens parfois, elle aurait souhaité que je quitte ce milieu. On en a plusieurs fois parlé, elle et moi. Je lui disais que je n'aimais pas trop cette vie. Elle le voyait bien. La musique et les gens, oui, mais tout le reste autour, ce n'était pas ce que j'avais voulu. Quelques années avant de faire ce livre, un soir où on discutait tous les deux avec la mamà devant la télé, je suis tombé par hasard sur un ancien clip. Je chante « Ma câlina », j'ai tout juste vingt ans. Ce soir-là, j'ai pleuré de me revoir. *Pauvret'*... Ça m'a fait une peine immense, de me trouver si jeune sur les images, de me voir entouré de tant de monde et de me souvenir que je me sentais pourtant si seul.

Ma solitude, celle qui ne me quittait plus depuis le début de ma carrière, je crois qu'elle est finalement partie le jour où j'ai tenu ma fille, ma toute petite, pour la première fois dans les bras.

Chapitre 20

T'as fait de moi un papa

Un beau jour, le 26 janvier 2021, Eva Alba est née. Mon enfant. Mon amour…

Ça faisait quelques mois qu'avec Soraya, on parlait de fonder une famille. On ne se mettait pas de pression, mais on imaginait avoir un enfant ensemble. Finalement, elle n'a même pas eu à m'annoncer qu'elle était enceinte. Je l'ai compris tout de suite, avant qu'elle le dise, je ne sais pas pourquoi, l'intonation peut-être. Un matin de mai, elle m'appelle :

— Allô, Kendji… ?

— Mais non…

Au bout du téléphone, je commence à sourire. Et, en même temps, le ciel me tombe sur la tête. Je suis heureux et j'ai très peur. Je me dis « C'est fou ! Je vais devenir père ! Est-ce que je suis prêt ? Est-ce que je vais être à la hauteur ? » J'ai compris plus tard qu'on n'était jamais vraiment prêt avant.

Toute ta vie tu es l'enfant de quelqu'un. Et, d'un coup, tu passes de l'autre côté, c'est toi qui en as un et qui le regardes grandir. Tu n'es plus au centre. La nouvelle me transporte, mais je ne réalise pas encore. Alors, pour me rassurer, la première personne que j'appelle, c'est Hakim. Je lui dis direct : « Mon Hakim, la Soraya est enceinte ! C'est incroyable ! » Là, j'entends qu'il cherche ses mots, il ne s'y attendait pas du tout. Il est lui aussi dépassé par la nouvelle. Faut dire que je lui ai jetée comme ça, sans prévenir. En raccrochant, ça me déstabilise un peu plus. Et comment l'annoncer à mes parents ? C'est quelque chose d'énorme. Sur le moment, j'imagine mettre des petits chaussons de bébé dans une boîte et leur offrir, un jour où on mangera tous ensemble devant la *campine*. Au lieu de ça, quelques minutes seulement après mon coup de fil à Hakim, ma mère m'appelle. Elle veut simplement prendre des nouvelles, elle ne se doute de rien. Je ne tiens pas, l'émotion que je ressens est trop forte, tant pis pour la surprise et les chaussons. La mamà se met alors à hurler dans mon oreille : « Fils ! C'est quoi là ! C'est vrai ? Tu vas être papa ? » Sa joie fait exploser la mienne…

Ma mère est très heureuse. Mon père aussi, à sa façon. Il réagit à froid, toujours stoïque, lui. Toute sa vie, il est comme ça. Ce jour-là, il ne m'a pas appelé, il ne m'a rien dit. Évidemment, quand Eva est née, il était très ému. Ça m'a beaucoup touché. Mais il n'est pas dans les félicitations, les bravos, les grands sentiments. Je sais que je l'ai rendu fier, je sais qu'on s'aime. Il n'y a pas d'hésitation sur l'amour qu'on se porte, juste, il ne me le dit pas. En devenant père à mon tour, quand j'ai tenu ma fille pour la première fois dans mes bras, j'ai senti que j'avais besoin de faire différemment. Les gitans sont pudiques, très fiers. C'est une belle chose, il ne faut pas tout précipiter, tout étaler. Mais, dans mon enfance, l'affection du padre m'a parfois manqué. La tendresse de la mamà, aussi. C'est ton petit, embrasse-le ! J'adorerais que ma mère vienne me faire un simple câlin comme ça, sans prévenir. Ou que mon père me prenne fort dans ses bras, sans retenue. Je suis jaloux parfois quand je vois les autres qui ont ça. De l'amour clair, des gestes qui sont des démonstrations. *T'estimi*, c'est si joli à dire. Ma fille, depuis sa naissance, je lui mange les joues, je lui dis combien je l'aime, et je lui ferai des bisous jusqu'à ses cent cinquante ans.

Toute la grossesse, j'essaie de faire de mon mieux pour accompagner Soraya. Être à ses côtés pour qu'elle vive le meilleur moment possible. Qu'elle se sente entourée, aimée, protégée. Elle ne lève plus un pack d'eau, je veux qu'elle ne se fatigue à rien, je tiens à ce que tout soit le plus simple et le plus facile pour elle. On est à l'été 2020, ça fait plusieurs mois que le Covid a frappé partout. Les concerts, les rendez-vous, tout est annulé. C'est une période dure, je suis stressé pour mes proches, pour ma mère surtout, je lui demande de ne pas sortir, mais ça me permet d'être là, aux côtés de la Soraya, du soir au matin. Depuis ma pause en 2017, je n'ai jamais eu tout ce temps rien qu'à nous. Pendant ces mois où son corps s'arrondit, elle et moi on rit beaucoup, on partage tout. Devenir parents nous a énormément rapprochés. Avant de tomber enceinte, elle faisait encore de nombreux allers-retours en Suisse. Là, en portant notre enfant, elle décide enfin d'emménager chez moi. Pour de vrai. Dans la *campine*. Des années plus tôt, j'avais acheté une petite caravane, bien pour deux tourtereaux, mais entre deux confinements, je change pour le format familial. Prendre une caravane plus grande, c'est un signe important pour moi. Ça veut dire qu'on crée une famille, que je vais devenir un daron. Je profite de la grossesse pour préparer au mieux l'arrivée de notre fille. Après la nouvelle *campine*, j'achète aussi une *casa* pour l'hiver en banlieue parisienne. Je veux que mon bébé ait tout le confort dont elle a besoin. L'été, elle partira avec nous sur le voyage, bien sûr, Soraya est d'accord, elle sait combien ça compte dans ma vie, mais pour les premiers mois et passer les saisons froides, une maison, c'est plus facile. Je lui construis un cocon, c'est ma façon d'attendre de la rencontrer…

Le jour de sa naissance, je fonds en larmes de joie. La tenir contre moi, c'est au-delà de tout ce que j'ai vécu dans ma vie. J'ai connu des émotions très fortes, des moments inoubliables et si chers à mon cœur, mais mon enfant, ma toute petite, c'est encore autre chose. Je me sens devenir l'homme le plus fort du monde et aussi le plus vulnérable. À l'instant où je la vois, je comprends qu'il me faudra être à la hauteur de ce petit être.

Les premiers mois, je passe des heures à m'extasier devant elle. Tout me bouleverse, je m'inquiète vite quand quelque chose ne va pas, je souris quand elle va bien, mon humeur dépend de la sienne. Ma mère n'est jamais loin, ça me rassure. Dans la communauté gitane, les sœurs, les tantes et les *mamàs* transmettent les conseils, les bonnes manières de faire. On prend soin de ses enfants, mais aussi des enfants des autres. On ne s'entoure pas de nounous, et Soraya n'y tient pas non plus. Elle est une maman exemplaire, elle a l'air de comprendre tout ce que ressent sa fille.

Peu à peu, je prends à mon tour mes repères et je deviens un papa poule, très fusionnel avec ma petite. Cinq ans plus tard, je le suis toujours ! Maintenant qu'Eva est à l'école maternelle, on passe plus de temps dans notre maison, avec la caravane garée au fond du terrain et de quoi accueillir les *campines* de la famille. Tout le monde est le bienvenu et j'aime qu'on ait de la visite. Mes parents sont souvent là entre deux voyages, mes sœurs aussi, la Sophie, surtout. Il y a bien sûr les *braseros* pour faire les feux et les grillades, les soirs de beaux jours, et avec mon père j'ai construit un espace en bois, à l'extérieur, pour qu'on puisse partager un bon repas à nombreux, même l'hiver. C'est un peu comme un petit chalet avec seulement une grande table, une cuisine et un canapé ; l'endroit est simple et chaleureux. Le reste de l'année, j'adore emmener et venir chercher ma fille à l'école, jouer avec elle, inventer des histoires, la regarder grandir, rire, être joyeuse. Depuis peu, elle comprend que je suis connu, mais avec sa mère, on a fait en sorte qu'elle soit le plus préservée possible. Moi, j'ai toujours aimé faire ma vie auprès des gens. Ne pas me mettre en permanence avec un garde du corps, coupé du monde. J'étais obligé d'être très entouré quand j'étais mineur, juste après *The Voice*, parce que c'étaient les débuts, avec beaucoup de mouvements de foule, mais au fur et à mesure, les choses se sont apaisées. J'aime faire mes courses, mener mon quotidien, ne pas jouer les stars inaccessibles. Et je ressens ça encore plus depuis qu'Eva est née. Je veux permettre à ma fille d'avoir une vie normale. La seule différence avec les autres parents, c'est que je fais souvent des photos avec les gens. Quand Eva est entrée en maternelle, les premières semaines, je crois que j'ai fait toute l'école en selfie ! Les petits me couraient derrière, ma fille trouvait ça bizarre, elle ne comprenait pas pourquoi ils étaient tous après moi. C'est rentré naturellement dans l'ordre, les maîtresses ont expliqué qu'ici j'étais un papa comme les autres.

En général, les gens sont très respectueux, je trouve. Quand je suis avec Eva, ils attendent toujours gentiment avant de prendre une photo juste avec moi. Mais il a fallu qu'on explique à ma fille pourquoi. L'année de ses quatre ans, un soir, elle a dit à sa mère :

— Maman, moi je suis pas jolie.

Soraya était désemparée d'entendre ça.

— Quoi ? Mais pourquoi tu penses une chose pareille ? Tu es la plus jolie du monde !

— Bah je suis moins jolie que papa. Parce que les gens, à moi, ils demandent jamais les photos. Que à lui !

— Mais non, ma chérie, c'est simplement parce que papa il est connu, il fait de la musique et il passe à la télé. C'est tout.

Maintenant, Eva répète ça aux commerçants près de chez nous : « Mon père à moi c'est un chanteur ! » Et puis, comme elle grandit, elle voit aussi mes clips. Ça me vaut parfois quelques remarques, « Dis, pourquoi là t'as une autre femme, toi ? », en pointant de son petit doigt les comédiennes à la télé. Elle me regarde avec ses grands yeux clairs et un air un peu méchant ! Mon cœur fond d'amour pour elle…

Mais revenons en arrière. À l'automne 2021, le déconfinement s'installe pour de bon, la vie reprend son rythme, je dois aussi reprendre le mien. Les mois sont passés, il est temps de sortir de ma bulle. Je suis à la fois triste certains jours de quitter ma fille de neuf mois, et heureux de me remettre au travail et en mouvements.

Je repars en tournée, c'est la troisième, le « Mi Vida Tour ». Les retrouvailles avec le public sont fortes et joyeuses. Mon Dieu, ça m'avait manqué. De nombreuses dates ont été reportées, le rythme est intense. En parallèle des concerts, je retrouve aussi le plaisir d'aller dîner dehors, de voir du monde, et de prolonger les sorties… Quand l'année 2022 commence, notre couple avec Soraya est plus tendu. Elle me fait souvent la tête, elle m'en veut, elle se sent délaissée. Avant, on faisait la fête ensemble, mais depuis l'arrivée d'Eva Alba, elle reste souvent à la maison. Elle me reproche de passer du temps avec les amis alors qu'on construit notre famille, et elle n'aime pas me voir alcoolisé, elle déteste ça. Quand je rentre, je parle trop, je parle fort. Son plus gros reproche reste cependant mon absence : je ne suis pas assez là. On vient de vivre des mois l'un contre l'autre, je pense que ça rend les choses plus insupportables. Sa vie à elle change, la mienne, pas assez. Elle voit que c'est normal pour moi de reprendre la *fiesta*, que je ne remets pas tout ça en question après la naissance de notre fille. La fatigue aussi s'en mêle, on ne se comprend pas bien, on s'engueule vite. Moi, je me sens frustré de voir que rien ne peut vraiment la satisfaire ou la combler. Ni les cadeaux que je lui fais, ni la place qu'elle a dans ma vie. Je lui propose de m'accompagner avec Eva sur la tournée, pour passer plus de moments ensemble, mais quand les itinéraires sont compliqués, on évite de faire bouger la petite. Elle a besoin de ses repères. J'en ai besoin aussi, mais ça, je ne le sais pas encore.

Je profite de ma nouvelle vie de père, de toutes ces premières fois, premiers sourires, premiers pas, premiers mots… Je poursuis ma vie d'artiste, aussi, avec un cinquième album qui sort en novembre 2022 ; la première chanson est bien sûr pour Eva, elle porte son nom. J'ai fait appel à Juliette Armanet pour l'écrire. Elle a un talent rare. Je voulais dédier une chanson merveilleuse à mon enfant, quelque chose de sensible et de poétique ; j'ai immédiatement pensé à Juliette qui a eu la gentillesse d'accepter. Trois ans plus tôt, j'écoutais en boucle son titre « À la folie », et je m'étais dit qu'un jour, j'adorerais chanter sur l'une de ses musiques. Elle a autant le sens des mots que de la mélodie.

Donne ton cœur, Eva, je poserais mon bagage,
Et où que je sois, j'aurais toujours ton âge,
Car dès qu'je ferme les yeux, je vois ton visage,
Ton sourire, mon enfant, est le plus beau des présents.

Tout est si vrai… Mais ce que je ne dis pas dans ces lignes, c'est que loin du regard de ma fille, je garde encore mon goût pour les soirées d'avant. Les deux années suivantes filent, les journée sont bien remplies et les nuits parfois tardives.

Chapitre 21

No me mires más…

21 avril 2024. Depuis quelques jours, je suis sur le voyage avec tous les cousins. *Mamà…* J'attendais ce moment ! Je viens de finir une grande période de travail, j'ai peu vu les miens depuis des mois, j'avais hâte de retrouver la *campine*, de profiter de tout le monde, de la vie du camp et des soirées qui s'étirent. À peine partis sur le voyage, Soraya me met la pression. Elle connaît mon enthousiasme, elle redoute que les sorties reprennent de trop. Elle préfère quand on est à la *casa*, quand j'ai plus de contraintes qui me cadrent. Mais au fil des jours, l'ambiance se détend entre nous. Je profite d'être avec ma femme et ma fille, on passe du bon temps tous les trois. Mes parents viennent de partir à Nantes, pour la naissance de mon neveu Elias, le fils de ma grande sœur Katia.

Tôt ce matin, avec Soraya, Eva, un de mes cousins et sa femme, on part se promener sur un marché, puis manger au restaurant. Des amis à qui je loue souvent des bateaux l'été nous rejoignent, on est de plus en plus nombreux autour de la table. Les plats défilent, mais aussi pastis, rosé, digestifs… Le repas est long et arrosé. On finit à 15 ou 16 heures ! Faut dire qu'il fait beau, l'air est agréable, je suis entouré de gens que j'aime, je n'ai aucune raison de me presser. De retour sur le camp, ça commence déjà à sortir les grillades, à préparer les barbecues et les feux pour l'apéro. Soraya connaît ces ambiances-là par cœur. « Kendji, ça va faire beaucoup… » Elle a raison. Et puis je sais que je dois travailler le lendemain. J'ai un vol très tôt pour rejoindre Alban à Genève. Je m'apprête à rencontrer le grand Andrea Bocelli. Sa voix est immense, un duo est peut-être possible entre nous, je ne veux pas rater ça. Mais dans l'immédiat, je suis d'humeur festive, la soirée s'annonce joyeuse, on est installés juste à côté de la *campine*, je n'ai pas l'impression de faire quelque chose de mal. On sort les guitares, il est encore tôt, je me dis que je peux bien prolonger un peu. Un cousin à moi prépare un couscous, on rit beaucoup, je trinque à nouveau… Soraya se ferme, elle voit la pente sur laquelle je suis lancé ; après le dîner, elle part se coucher avec la petite et me laisse là. Une caravane, même familiale, ça reste étroit. Quand on énerve l'autre, on ne peut pas chacun se mettre dans un coin. Les petits espaces renforcent les liens, mais parfois aussi les tensions. Moi, je sais déjà à son regard qu'elle m'en veut, qu'on va encore avoir la même discussion, alors je préfère fuir. Au lieu de rentrer dormir, je suis les cousins au casino de Biscarosse.

Et je ne m'arrête plus… On continue de boire, la nuit s'annonce longue. J'accompagne les verres avec d'autres excès qui donnent l'illusion de ne plus sentir la fatigue. Minuit passe. Soraya m'envoie des messages : « Rentre, regarde l'heure qu'il est ! Tu dois rentrer Kendji ! » Avec les cousins, on est finalement de retour sur le camp un peu avant 1 heure du matin. Chez nous, sur la place, il y a une vieille femme qui vend de l'alcool. Ça se fait souvent sur le voyage, c'est comme une épicerie locale. On se remet à acheter des bières et à parler encore. Aujourd'hui, je serais incapable, et tant mieux, de boire ne serait-ce que la moitié. Mais ce soir-là, l'alcool me paraissait de l'eau, la nuit et ma joie de vivre étaient inépuisables…

En rentrant enfin dans la *campine*, Soraya est réveillée. Elle m'attend. Elle est en colère contre moi. Pire, je lis sa déception. Ce soir-là, pourtant, on ne se prend pas vraiment la tête, elle doit voir qu'il est inutile de me parler, je ne suis pas en état. Elle s'enferme dans la chambre à coucher, je vais dans la pièce de droite, le coin salon. J'ai bien compris que j'allais devoir dormir là… Mais l'excitation et tout l'alcool dans mon corps m'empêchent de trouver le sommeil. Alors, pour ne pas réveiller ma fille, je ressors écouter de la musique dans ma voiture, garée juste à côté de la caravane. Je suis soûl comme un cochon. La nuit avance encore. Quand je remonte dans la *campine*, je m'écroule sur le canapé. Il est 5 heures, le matin est bientôt là. Et je viens de me souvenir que je devais me rendre à l'aéroport de Bordeaux dans moins d'une heure…

Trois, quatre jours plus tôt, un brocanteur était passé sur le camp. Il avait étalé des choses un peu partout, beaucoup de gitans étaient venus voir. Parmi ses trésors, il avait ce très beau pistolet, qui datait de 1915. Ce jour-là, face à ce vendeur itinérant, je trouvais juste que l'objet était beau, et surtout identique aux pistolets de certains jeux vidéo auxquels j'aimais jouer quand j'étais ado. Sur un coup de tête, je l'achète. Je m'imagine le mettre sous verre, dans la *casa*, comme une belle pièce de collection. Le jour même, je range l'arme dans un placard en hauteur dans la caravane, et je n'y pense plus du tout.

Jusqu'à cette nuit-là.

Dans le brouillard de ma tête, à l'aube, allongé dans mon salon, je fixe le plafond, « Ah mais c'est vrai que j'ai ça ! C'est incroyable ! » Je me lève, je titube sûrement mais je ne m'en rends pas compte, je prends ce maudit truc, je le déballe. C'est comme si je le redécouvrais. Pour moi, c'est une grande curiosité. Je suis là, ivre, avec mon nouveau jouet entre les mains. J'ai alors l'enthousiasme d'un gosse. Un gosse avec une arme. Et un gosse qui a trop bu.

À cet instant, dans mon esprit, tout passe au ralenti.

Je tiens le pistolet, je le regarde, émerveillé, je fais semblant de viser des objets, comme un gamin qui joue au policier ou au cow-boy. Puis je le tourne vers moi et je pointe le canon sur mon cœur. Je n'imagine pas une seule seconde qu'il y a quelque chose dedans, que ça peut être dangereux, c'est juste une œuvre d'art, un objet vieux de cent ans.

Clic.

La balle part.

J'ai une secousse, un éclair dans le corps.

Je ne ressens pas la douleur, seulement la peur de ce qui vient de se produire.

Soraya a entendu la détonation. Elle déboule dans le salon. Je vois dans ses yeux l'effroi, la stupeur, elle hurle. Je viens de me tirer dessus. Elle appelle au secours, je sors de la caravane. Je suis encore capable de marcher. Je suis en état de choc. Je ne pense qu'à une chose, que ma fille ne me voie pas. Ne pas réveiller ma petite, ne surtout pas réveiller Eva. J'ai la main sur ma poitrine, l'autre tient encore l'arme. Je descends les marches de la *campine*, je reste un moment debout, sidéré. Un petit cousin court vers moi : « Qu'est-ce qui a ! *Ques ka fa* le Kendji ! *Ques ka fa !* » Je jette le pistolet par terre, je lui dis « Attention, ne le touche pas, il est chargé ! » Je redoute que quelqu'un d'autre se blesse avec. Il déchire mon t-shirt, il voit le trou dans mon torse, le sang qui se met à couler. Faiblement.

Alors, la blessure commence à se faire sentir, je n'ai pas tellement mal, mais je sens que mes jambes faiblissent, je m'écroule sur une chaise. J'entends les gens arriver autour de moi, j'entends des cris d'horreur, des larmes. Ça appelle les secours, le Samu, de l'aide. Je ressens l'agitation qui monte, la panique, la terreur. Tout le camp qui se réveille. Les cris de Soraya, surtout, elle m'apparaît floue, sa voix se déchire.

Je commence à perdre mon souffle.

Je me répète dans ma tête de garder mon calme, que si je panique, je vais manquer d'air, me vider de mon sang. Je ne pense plus qu'à une chose : rester concentré sur ma respiration. Dans l'agitation, je reconnais l'une de mes grandes cousines, Takoui, qui est comme une mère pour moi. Elle vient, elle me prend dans ses bras. Je murmure

« J'ai soif », elle dit « *No*, *no*, tu ne dois pas boire, tu peux t'étouffer ». Elle me nettoie le visage avec de l'eau, elle me passe une serviette sur le front, elle me serre contre elle, « Reste là, reste avec nous, ça va mon fils, respire ». Elle pleure en même temps. Je commence à suffoquer. La fin de la nuit m'enveloppe. Dans le ciel, il reste beaucoup d'étoiles. Le pasteur arrive à son tour, il prie pour moi, je ferme les yeux et je prie avec lui. Le froid me prend, mon corps se met à trembler, Soraya court chercher une couverture, elle est inondée de larmes.

Mon souffle se fait plus court.

La vie me quitte. Tout doucement.

Je vais bientôt mourir.

Chapitre 22

Une course contre la montre

Je venais d'arriver sur le voyage, je me réjouissais de passer du temps avec ma famille et de pouvoir faire la fête avec les cousins. Il faisait grand beau. On riait beaucoup. Avant mes trente ans, j'ai réussi des choses que je n'envisageais même pas de rêver un jour dans ma vie. Le public me porte et m'apporte tellement. Ma fille, ma femme, mes parents, tout le monde va bien. On s'aime fort. J'ai de l'argent plus que tout autre. Je ne manque de rien. Oui, j'avais de la pression, mais elle est dérisoire par rapport à ce que beaucoup d'autres gens connaissent tous les jours dans leur quotidien. À aucun moment je n'ai voulu, même dans les recoins les plus sombres de ma tête, que tout ça s'arrête. Je l'écris ici : non, je n'ai pas voulu mettre fin à mes jours. Le suicide est même inconcevable pour un gitan, car celui qui fait ça va direct en enfer. Je faisais des excès, je ne gérais pas bien mon besoin de fête, de sorties, je rattrapais maladroitement la fin de mon adolescence, et ça pesait parfois sur mon couple et mon entourage. Mais je me sentais heureux.

On a raconté beaucoup de choses sur cet accident. Que j'avais menacé Soraya, qu'elle m'avait tiré dessus, ou encore que c'était un règlement de comptes entre gens du voyage. Pour moi, cette histoire, c'est beaucoup trop d'alcool et quelques secondes qui basculent. Une minute avant, j'ai oublié l'existence de ce pistolet. Celle d'après, je suis entre la vie et la mort.

Les pompiers sont arrivés un quart d'heure plus tard. Ça m'a semblé très long. J'ai un peu de sang qui sort de la bouche, mais je sens surtout l'espace qui se réduit dans mes poumons entre chaque respiration. Je répète « Mamà… » Elle est partie la veille pour voir son petit-fils, Elias, naître et elle va revenir pour voir son fils mourir. Ma fille, comment elle va vivre sans son père ? Et ma femme, elle ne me pardonnera jamais. Je commence à fermer les yeux, je n'ai plus la force de les ouvrir.

— Monsieur, monsieur, vous m'entendez ?

— *Sí*…

— Vous vous appelez comment ?

— Kendji. Kendji Maillé. Mais mon nom de scène, c'est Kendji Girac.

Des médecins urgentistes s'affairent autour de moi. Je crois qu'ils sont trois. On me monte dans l'ambulance. Le trajet va durer peut-être une demi-heure, je ne sais pas. Mon oncle Torsalin, ma cousine Takoui et Soraya me suivent en voiture. Je suis alité dans le camion, j'ai des perfusions, mais je me souviens d'avoir parlé.

— Vous… Vous écoutez mes chansons ?

— Oui, bien sûr.

— Ah, c'est bien. C'est dommage, vous m'écouterez plus.

— …

— Au cas où si je meurs, madame, surtout dites à ma fille que je l'aime, à ma femme et à mes parents que je les aime aussi, que je n'ai pas fait exprès, que c'était vraiment involontaire, j'ai pas voulu. Je suis désolé.

— Vous n'allez pas mourir, Kendji, on est avec vous, ne vous inquiétez pas.

— Bah là quand même, avec ce qui vient d'arriver… C'est compliqué de ne pas mourir…

D'un coup, je sens que ça devient tout chaud derrière moi. Dans mon dos.

— Madame ! Ça saigne beaucoup là ! Beaucoup trop !

— Non, ne vous inquiétez pas, on vient de regarder. On contrôle.

— Si ! Si ! Je sens que quelque chose s'est ouvert, ça coule fort !

Elle se met alors à hurler comme dans les films, « Hémorragie ! Hémorragie ! » Le camion se gare en urgence sur le bas-côté. Derrière, Soraya, mon oncle et ma cousine comprennent que quelque chose ne va pas ; ils m'avoueront plus tard qu'en voyant l'ambulance stopper net sur la route, ils étaient persuadés que c'était la fin. La peur que je leur ai mis… Je m'en veux beaucoup. Ils sont tous les trois dans la même voiture. C'est la mienne. Pour l'anecdote, si je n'ai miraculeusement pas perdu la vie cette nuit-là, j'ai quand même perdu 6 points sur mon permis, parce qu'ils ont pris plusieurs radars en me suivant jusqu'à l'hôpital.

L'ambulance repart enfin, l'hémorragie est maîtrisée, on arrive à l'hôpital Haut-Lévêque, à Pessac, près de Bordeaux. Dans le hall, je vois plusieurs membres de ma famille. Il y a mon neveu Cortes, ma sœur Laetitia, mon beau-frère Nicky… J'ai le réflexe de leur faire un petit signe de la main, sur mon brancard, pour essayer de les rassurer. Le premier truc qui me vient, c'est de faire un V de victoire avec les doigts, en total décalage avec la gravité de la situation. Tout le monde est en pleurs. Il y a peut-être une dizaine de personnes déjà dans le hall, qui ont fait le trajet directement depuis l'aire de voyage. On me conduit dans une chambre où je me retrouve seul. On ne peut pas m'opérer tout de suite, il faut attendre que je dessoûle. J'ai encore beaucoup trop d'alcool dans le sang... Les trois heures qui vont suivre sont dures et mon pronostic vital est toujours engagé. À mesure que les effets de l'alcool disparaissent, la douleur et la lucidité montent. Je me mets à parler seul dans cette chambre d'hôpital : « Qu'est-ce que j'ai fait ? Mon Dieu, qu'est-ce que j'ai fait ? » Tout est blanc, les rideaux sont tirés, je suis dans la pénombre. Je me souviens surtout des bruits dans cette pièce, de ma vie qui semblait tenir à quelques bips, branchée sur des machines. J'entendais ma respiration, pénible, comme un sifflement, par petits coups secs. Par-dessus tout, pendant ces trois heures d'attente, je me souviens de la soif. Impossible. Cette soif que j'avais... J'aurais pu boire de la javel. Je rêvais de sentir l'eau fraîche dans ma bouche. Mais j'en avais l'interdiction avant d'être opéré.

Les médecins laissent entrer quelques personnes à tour de rôle à mon chevet. Je vois d'abord mon oncle Torsalin, il s'écroule en me voyant là. Et puis ma sœur Laetitia qui pleure, « Au secours... Mon Kendji... », elle me dit. Le Jessie aussi, il est en larmes. Ils pleurent de peur, de soulagement, de me voir encore en vie, d'émotion. Soraya ne vient pas. Je rêve de la voir, pourtant. J'apprendrai plus tard ce qui s'est passé pour elle. Une fois arrivée à l'hôpital, elle a dû repartir sur le camp pour être interrogée par la police. Elle était suspectée de m'avoir tiré dessus. Une blessure par balle n'est pas un simple accident. La police est automatiquement concernée.

D'ailleurs, vient aussi le commissaire qui entre dans ma chambre pour prendre ma première déposition. Le problème, c'est que je suis encore très alcoolisé et que les médecins m'ont mis sous morphine pour m'aider à supporter la douleur qui arrive. Je me souviens vaguement d'un homme qui voulait savoir si quelqu'un m'avait tiré dessus, si c'était un règlement de comptes. Je ne comprends pas bien pourquoi il me pose ces questions. J'essaie de parler, mais la morphine fait déjà son effet, pour moi tout est très confus.

Alban entre à son tour, je n'en reviens pas de le voir là :

— Je suis désolé mon Alban. Je suis vraiment désolé.

Le voir me rassure. C'est le visage d'un frère. Il veille sur moi. Depuis tout ce temps qu'on fait équipe ensemble… Sur le moment, je ne me pose pas de question, parce qu'il est toujours là quand j'ai besoin. Sans même que je lui demande. Je me suis souvenu bien après qu'on avait rendez-vous ce matin-là pour rencontrer Andrea Bocelli… et que j'avais tout planté.

— T'inquiète pas, ça va aller, il me dit. Je vais gérer comme je peux. Repose-toi, c'est tout ce qui compte.

Juste, je te demande une chose, Kendji, ne réponds à rien ni personne. Dehors, beaucoup de gens essaient d'entrer dans l'hôpital. Tu n'es pas en état de parler. Tu n'es pas du tout dans ton état normal. Tu dois d'abord te faire opérer, c'est le plus important.

— … C'est trop tard, Alban… J'ai déjà parlé à quelqu'un. Un médecin… Ou un policier, je crois, il m'a posé des questions avant que t'arrives.

— Tu lui as dit quoi ?

— Je… Je ne sais pas. Je ne sais pas du tout ce que j'ai pu lui dire.

Quelques heures après, pendant que j'étais au bloc, des informations sont sorties dans la presse. Alban a pu découvrir en même temps que tout le monde ce que j'avais visiblement raconté. J'avais tout mélangé, les moments, les dates. C'est de là qu'est venue la rumeur selon laquelle j'étais allé sur une brocante le matin même de l'accident pour acheter une arme, comme si je m'étais baladé dans les rues du sud-ouest de la France à la recherche d'un flingue !

La douleur devient vive, les heures sont passées et j'ai l'impression que je vais mourir de soif. Il est temps de partir en salle d'opération. Un infirmier vient me chercher, je le supplie de me laisser boire, au moins une gorgée. Il répète qu'il est désolé, il m'apporte à la place des petites sucettes en mousse qui servent à humidifier les lèvres. Ça ne remplace pas l'eau, mais c'est mieux que rien.

Une fois au bloc, on me fait une anesthésie. J'essaie de lutter jusqu'à la dernière seconde pour ne pas m'endormir. Je sens mon regard partir, mais mon corps résiste fort. Je prie beaucoup. Je m'endors en priant. Je prie Dieu que si je meurs, il prenne mon âme. J'avais plus peur de mon âme à la dérive que de mourir à ce moment-là. Je voyais tous les infirmiers et infirmières travailler autour de moi. Je regardais tout ça comme si j'étais dans une vie parallèle. Je savais que j'avais ce trou près du cœur, ça me paraissait irréel.

Je ne sais pas combien de temps a duré l'opération. Deux, peut-être trois heures. Je me réveille tout seul dans une pièce. Une fraction de seconde, je me dis « Ouf, *Mamà*… Tout ça, je l'ai rêvé… » Ce soulagement ! Mais à mesure que j'ouvre les yeux, je vois des tuyaux branchés de partout et la chambre autour de moi… Le cauchemar est bien réel. Je suis alors saisi par l'angoisse. Jusqu'ici, je ne pensais qu'à la *familia*, à la peine que je leur causerais si je mourais, à vouloir leur demander pardon. Là, seul dans cette chambre, en me réveillant de l'opération, je commence à penser à la suite. À tout le reste…

Je suis en vie. Merci Seigneur. Mais qu'est-ce qui va se passer maintenant ?

Chapitre 23

Retour au réel

Très vite après l'opération, je comprends que ma carrière est finie. Je n'imagine pas une seule seconde que le public me pardonnera une chose pareille. J'ai redouté de décevoir les gens depuis le premier jour de ma carrière, et finalement, c'est arrivé. Je viens de révéler la part sombre qui est en moi depuis longtemps. De la pire des manières. À cette pensée, je me sens envahi par la nostalgie. Bizarrement, alors que ça me faisait si peur toutes ces années, l'idée de ne pas remonter sur scène me rend triste. Je me dis « Merde, c'était si beau, ça va me manquer… » Mais je me résigne tout de suite. Il va me falloir tourner la page, retourner à ma petite vie et travailler fort. Kendji Girac, l'artiste, est mort. Maintenant, retour à Kendji Maillé. À aucun moment je ne pense que quelque chose est possible. Ma carrière est foutue, je viens de perdre cette vie-là. Il me reste à essayer d'être une meilleure personne, à me racheter auprès des miens. Je vais beaucoup travailler pour rendre fière ma famille, regagner la confiance de mes proches, de ma femme…

Le docteur Rodriguez, le chirurgien qui m'a opéré, entre alors dans ma chambre :

— L'opération s'est bien passée. Honnêtement, vous avez eu une chance incroyable… C'est impossible, normalement, de survivre à une balle comme ça. Vous aviez peut-être une chance sur mille de ne pas mourir. Et les séquelles auraient dû être plus graves et nombreuses, c'est incompréhensible. Je ne sais pas quel Dieu vous avez, mais il est bon. Vous pouvez le remercier.

Dieu, bien sûr, mais j'ai aussi remercié ce chirurgien…

Il est vrai qu'avec un calibre comme ça, un 45 ACP, l'un des plus gros pistolets au monde, j'aurais dû tout éclater, surtout à bout portant. J'ai eu le poumon et la rate perforés, la peau du diaphragme collée sur les organes autour. Mais la balle est passée entre deux côtes, et elle est ressortie. Elle a traversé mon corps de manière étonnante, comme si elle avait évité le cœur. Le médecin a raison, c'est incompréhensible. Il quitte la chambre. Je regarde les drains qui me sortent du torse. Pourtant, malgré la violence de la blessure et les organes touchés, j'ai bizarrement la sensation d'être en forme. Si je n'avais pas eu tous ces fils, je crois que j'aurais pu me lever et marcher. Enfin presque… Parce que c'est aussi à cet instant que la douleur me frappe. Une douleur ! D'une certaine manière, elle me confirme que je suis en vie, alors je la supporte sans me plaindre.

La mamà vient la première. Le soir même ou le lendemain de l'opération, je ne sais plus trop parce que le temps passait tout doucement dans cette chambre d'hôpital, mais elle est parmi les premiers visages à mon chevet. Quand elle entre, elle est en pleurs. Elle me regarde comme si j'allais encore mourir et à la fois elle n'en revient pas de me retrouver là, en vie. Elle me prend les mains, je sens qu'elle veut me serrer contre elle, mais je suis encore branché de partout, elle ne veut pas faire mal à son petit. Mon père, lui, il est venu deux jours plus tard. Je pense qu'il avait besoin d'encaisser le choc, la peur de perdre son fils, c'était trop dur, et celle de me voir comme ça, dans ce lit d'hôpital. Il est très digne, il ne voulait sûrement pas pleurer devant moi.

Entre chaque visite, je priais, beaucoup, dans cette chambre. Et toute la semaine à l'hôpital. J'avais ma bible avec moi, qu'une de mes sœurs m'avait gentiment apporté. Je sentais une puissance, la bénédiction de Dieu sur moi. Je ressentais des vagues d'émotion, de frissons, de bien-être. D'ailleurs, quand ma grande sœur Laetitia est entrée après ma mère, elle m'a tout de suite dit « *Oye !* T'as la figure qui brille ! Qu'est-ce que t'as, Kendji ? T'as changé ! » Elle avait raison. Tout était très fort en émotions. J'étais évidemment triste et bouleversé de ce qui s'était passé, d'avoir causé autant de tort et de peine à ma famille, à ma femme, à mes parents. J'étais triste de me dire que ma carrière était finie, d'avoir perdu tout l'amour du public. J'essayais de me préparer psychologiquement à ne plus avoir la même vie, à ne plus partager ma musique avec les gens, à ne plus faire de tournées, ni même à pouvoir rechanter comme avant. Je me disais qu'il me restait au moins la guitare, que mes poumons étaient sans doute abîmés, mais que mes mains semblaient intactes. Je me préparais aussi à ne plus pouvoir m'offrir les mêmes choses, ne plus avoir les mêmes sous, le même train de vie. Mais, d'un autre côté, je ne faisais que sourire. J'avais des larmes de bonheur et de joie. Le feu que je percevais dans cette chambre ne pouvait venir que de Dieu. De Dieu et de l'amour de mes proches, aussi de l'amour des gens, de loin, de partout. Je l'ignorais alors, parce que je n'avais aucun contact avec le monde extérieur, mais je l'ai découvert après : tous les gitans de France, tous les pasteurs priaient pour moi, à ce moment-là. Et aussi beaucoup de *gadje* qui me souhaitaient du bien… Après ma mère et la Laetitia, il y a eu ma belle-sœur Gina et mon frère Jessie qui sont venus. Ils se sont écriés pareil : « Mais incroyable, qu'est-ce que t'as ? T'es tout beau, t'es tout neuf ! » Oui, quelque chose en moi avait changé.

Soraya ne vient pas tout de suite. Elle est prise par tout ce qui commence à être dit sur moi, sur nous, sur elle, par ma faute. Elle était dans la caravane, elle est donc interrogée. Mais surtout, elle m'en veut. Je la comprends. Elle vient finalement trois jours plus tard. Elle me prend dans ses bras, malgré les fils. Elle me serre contre elle, elle se met à pleurer, elle a de la colère, de la peine, elle a eu si peur de me perdre. C'était très violent pour elle, tout ce qu'elle a vu et ressenti. Et de se retrouver toute seule, dans la *campine*, avec les médias qui parlent d'elle, la police qui la questionne, dans une vie qui n'est pas la sienne, loin de sa famille et de son pays natal. Elle s'est demandé ce qu'elle faisait là, comment elle en était arrivée là. Elle a été plus forte que jamais. Cette femme, je lui dois tout. Toute ma tendresse, tout mon amour.

Enfin, ma petite Eva vient aussi me rendre visite à l'hôpital. Quand je la vois toute belle entrer dans ma chambre, mon Dieu… j'explose en sanglots. D'être vivant pour revoir ses grands yeux clairs, je sens une rivière de larmes couler à l'intérieur de moi ; mais je me reprends vite pour garder le sourire devant elle. Elle m'a apporté un McDo – elle connaît bien son père ! – et elle me dit avec sa petite voix : « C'est bon papa, ici, ils vont bien te guérir. T'es au docteur, t'auras plus le bobo, mon papa. »

Je sais qu'elle m'aime ma fille, on a un lien très fort. Elle est ma passion, mon bébé, on est toujours ensemble. Ma plus grande culpabilité est pour elle. De la voir, à ce moment-là, d'imaginer que j'aurais pu la laisser seule, la priver de mon amour, par ma faute, me bouleverse.

Chapitre 24

Si seulement...

J'ai hâte de rentrer chez moi, de retrouver la *casa*. Et mon intimité, aussi. À l'hôpital, plusieurs infirmières s'occupent tous les jours de mes soins. Moi qui ai voulu toute ma vie me montrer parfait, toujours sous mon meilleur jour, là, elles me déshabillent, elles me lavent, je ne peux rien faire seul, je suis très gêné de la situation. Mais elles sont toutes adorables, d'une gentillesse incroyable. J'ai hâte de rentrer, et en même temps j'ai peur de sortir de ma chambre. Alban m'a prévenu, dehors c'est l'enfer, toute la presse me cherche, les paparazzis sont nombreux, ils guettent pour avoir la première photo depuis l'accident.

C'est lui qui organise tout. Il réceptionne les demandes pour mes visites. Il fait le tri avec le padre sur les gens qui veulent me voir. Certains photographes ont essayé de se faire passer pour des proches, on doit faire attention. C'est aussi Alban qui organise mon « évasion ». Il annonce un jour de sortie officielle, mais plus tard que la vraie date programmée. Il réserve une ambulance sous un faux nom. Le jour J arrive ; grâce à l'équipe médicale, on sort par une petite porte derrière l'hôpital. Je porte un masque et une casquette, et je monte directement dans le camion, sans me présenter aux ambulanciers. Il n'est pas prévu que je repasse par le camp, l'ambulance me ramène directement chez moi… dans le 91. De la région bordelaise jusqu'à l'Essonne, 500 kilomètres nous attendent, on a toute la France à traverser.

L'ambulance roule, le paysage défile. La scène est étrange, un peu comme dans un film. À un moment Alban me regarde et me dit :

— Tu imagines ? Que tu es là ? En train de rentrer chez toi ?

— … Non… Je ne sais pas pourquoi je suis là… Je ne sais pas pourquoi je ne suis pas mort. Je suis sûr d'une seule chose, c'est que Dieu m'a fait rester pour une bonne raison.

Le silence s'installe entre nous. Chacun est pris par ses pensées. Je décide de mettre un cantique que j'aime beaucoup, sur lequel je priais tous les jours dans ma chambre d'hôpital. Là, allongé sur ce brancard, pour la première fois depuis que je me suis tiré dessus, je me mets à chanter.

Si seulement…

Grandes son tus maravillas
Grandes sont tes merveilles
En mi vida, papá
Dans ma vie, papa
Soló tú sabes llenar
Toi seul sais remplir
El corazón de felicidad
Le cœur de félicité

Cuando clamo a ti
Quand je t'implore
Tú estás aquí Señor
Tu es là Seigneur
Tú nunca me dejaste
Jamais tu ne m'as abandonné
Del enemigo me rescataste
De l'ennemi tu m'as sauvé

Alors, je réalise… Ma voix n'a pas bougé. Elle est toujours là. Intacte. C'est un miracle. À côté de moi, Alban est en larmes. Lui non plus n'en revient pas. Je ne ressens aucune douleur, aucune gêne dans la poitrine, aucun essoufflement, rien, rien du tout. Je peux chanter encore.

Après des heures de route, l'ambulance me dépose devant ma maison. Les ambulanciers ont compris qui j'étais sur le trajet, mais ils n'ont rien dit, jusqu'à ce qu'on arrive. Ils m'ont demandé une photo une fois garés. Je ne suis pas présentable, et vu la situation, je suis obligé de refuser. Si on se recroise dans d'autres circonstances un jour, je prendrai une photo avec eux, avec plaisir.

Je pousse la porte de la *casa*, il y a seulement Soraya et la petite qui sont rentrées la veille. J'ai prévenu ma famille, j'ai besoin qu'on s'accorde un temps tous les trois. La première nuit dans mon lit me fait un bien fou. Retrouver mes draps, mon chez-moi, les parfums et les bruits de ma maison, de ma vie quotidienne, ça m'apaise énormément.

Les jours suivants, il fait beau dehors, je sens que la vie m'entoure, qu'elle ne m'a pas lâché. Pendant deux semaines, je reste là, sans jamais sortir. Je ne passe pas le portail. Décidément c'est une épreuve d'être enfermé pour un gitan. Je sens le stress d'Alban et Hakim, ils m'appellent tous les jours, « Fais attention que le facteur te voie pas », « Fais attention, laisse pas les fenêtres ouvertes », « Fais attention, va pas faire les courses ». Ça me met dans l'inquiétude, je ne comprends pas bien leur réaction, je me dis qu'ils exagèrent. C'est bête, mais moi je rêve alors d'aller au Grand Frais ! Je veux juste acheter de quoi faire mes grillades, quelque part, comme avant. Je n'ai pas encore vu ce que le procureur a dit, je reste loin des réseaux. Je garde tout coupé autour de moi depuis l'accident et Soraya décide de tout couper aussi pour se concentrer sur notre fille et moi. Alban et Hakim, eux, ils savent ce qui se joue dehors et ils essaient de nous protéger le mieux possible. J'ai su après comme ils avaient bien fait...

Après ces deux semaines à l'abri de tout, je me sens prêt à me reconnecter. C'est très, très dur de découvrir ça. D'un coup, je vois ce qui se raconte dans tous les sens, ce qu'on a écrit et dit sur Soraya, sur nous, qu'elle m'avait tiré dessus, ou que j'étais violent contre elle. Je n'en reviens pas, elle non plus. C'est tellement loin de notre histoire... Alban m'appelle : « Kendji, tu commences à aller mieux, il faut maintenant remettre les choses dans l'ordre, pour elle, pour toi. Et pour ton public. »

Quelques semaines après ma sortie de l'hôpital, je repars à Mont-de-Marsan à la demande du procureur. Je vais enfin pouvoir lui expliquer mon état cette nuit-là, mon inconscience et ma bêtise. Dire que je n'ai jamais eu de mauvaise intention, que je n'ai jamais eu d'intention tout court. Ce jour-là, on est dans son bureau au palais de justice, avec Alban et mon avocate Axelle Schmitz. Face à moi, le procureur a l'air d'entendre ma sincérité. Je lui assure que je vais changer. Moi, je sais que j'ai déjà changé... Je lui dis tout ça droit dans les yeux. Les choses se passent simplement, parce qu'il n'y a rien à cacher. L'enquête est déjà terminée, ils ont bien vu que je ne mentais pas.

De retour à Paris, je me rends au studio de Renaud Rebillaud. Je boite encore. Alban m'a conseillé de prendre plus de temps pour moi, mais je veux y aller le plus vite possible, j'ai l'urgence de retrouver la musique. Quand j'arrive, le Renaud m'attend devant sa porte. C'est un véritable artiste, il travaille les voix comme personne, on sait que quand on va en studio ensemble, on sort avec une belle chanson. Depuis notre première rencontre dix ans plus tôt, il est aussi devenu un ami, alors c'est une grande émotion de se retrouver là. Derrière le micro, je suis bouleversé de poser mes premières voix. Je lui dis « C'est quand même incroyable que j'arrive à rechanter comme ça, non ? » Lui-même tombe par terre de m'entendre, il est choqué, « Tu montes plus haut qu'avant ! » La première chanson que j'enregistre, elle est chère à mon cœur, c'est le cantique « Papa » qui m'a tant accompagné à l'hôpital et que j'ai chanté sur le brancard dans l'ambulance qui me ramenait chez moi. Cette séance studio me fait un bien fou. C'est un moment hors du temps. C'est comme si je comprenais enfin toute l'importance que ça avait toujours eue dans ma vie. Ça redonne goût aux choses, un sens à mon métier.

Un projet d'album était enclenché avant l'accident. Plusieurs titres étaient déjà enregistrés. Après l'opération, dans la chambre d'hôpital, j'ai dit à Alban que je ne voulais pas abandonner comme ça. Que je renoncerais entièrement à ma vie d'artiste si c'était le choix des gens, mais que c'était lâche de tout laisser tomber dans mon coin, de ne pas aller au bout des choses. On devait finir cet album par respect pour ceux qui avaient travaillé dessus avec moi, et surtout par respect pour le public. Le laisser décider. Alban était surpris de me voir aussi déterminé. Alors même que j'avais encore des drains partout et que je ne savais pas si je pourrais rechanter un jour, on s'est appelé avec le Vianney et le Renaud, mes deux frères de musique, pour poser des mots sur ce que je venais de vivre. Avec Vianney, on est ensemble depuis mon troisième album, en 2018. C'est un auteur, compositeur, interprète exceptionnel, ça, tout le monde le sait. Mais, au-delà de l'artiste, c'est un homme d'une grande valeur. Il est un ami dans ma vie depuis toutes ces années. Je me souviens bien de notre rencontre. On était tous les deux invités à chanter sur une grosse émission, je ne saurais plus dire laquelle, mais ça devait être un tournage en extérieur parce que les artistes étaient dans des loges en préfabriqué, donc on entendait tout dans les couloirs. Les discussions, les vocalises, etc. Je précise ça parce que j'étais dans la mienne, prêt à tourner, et que je grattais tranquillement mes cordes.

Là, j'entends quelqu'un jouer aussi de la guitare, à quelques mètres de moi. Je me dis « *Oye !* Mais qui joue aussi bien ? C'est magnifique ! » Je reprends un peu mes arpèges, et je m'interromps régulièrement pour écouter l'autre guitare. C'était vraiment très beau. Finalement, trop curieux de savoir qui est l'artiste derrière ça, je me lève et je sors de ma loge. On se retrouve alors face à face dans le couloir avec le Vianney. On se regarde, on a tous les deux notre guitare à la main, et on se met à rire. On est sortis pile au même moment et pour les mêmes raisons. Par la suite, on a discuté, échangé nos numéros, et je lui ai proposé très naturellement d'écrire quelques textes sur mon album *Amigo*. Depuis, on ne s'est plus quittés.

Dans cette situation terrible que j'étais en train de traverser, Renaud Rebillaud et lui, c'étaient vraiment les seuls à qui je pouvais confier mes sensations, les seuls qui pouvaient m'aider à les traduire en musique. Je voulais exprimer ce que je ressentais, c'était important pour moi de le faire avec la *música*. Dire que j'étais désolé d'avoir caché aux gens une part de moi, et que je me la cachais à moi aussi depuis plusieurs années. C'est là qu'est née « Si seulement ». Mais il m'a fallu attendre d'être en studio pour mesurer vraiment le poids des mots. J'étais en pleurs quand j'ai chanté ça…

Il y a dans cette chanson tout ce que je n'ai pas su dire, ce que je n'ai pas su voir.

Le juridique est réglé depuis mon rendez-vous chez le procureur quelques semaines plus tôt, mais il reste le regard du public. C'est ce qui me fait le plus mal. Avant de le dire en chanson, il est temps de prendre la parole pour m'expliquer... Surtout, pour m'excuser. Je tiens à demander pardon et je ne veux pas le faire par un communiqué ou un média. J'aurais eu l'impression de me cacher encore. On est le 27 juin, je ne sais plus la météo qu'il fait, ni exactement si c'est l'après-midi ou la fin de journée. Je pose le téléphone sur le piano. Je me sens pris par l'émotion à l'instant où je commence à parler. Derrière toute cette histoire, je me sens profondément désolé d'avoir déçu et choqué des gens qui m'accompagnaient depuis le début. Je poste mon message juste après. Pas de montage, pas de retouche. Comme pour ma reprise de « Bella », dix ans plus tôt... Toute ma sincérité est là. C'est un grand moment pour moi. Alors, instantanément, je vois des messages incroyables apparaître. Ils arrivent de partout. « Kendji, sois fort. » « On est là, on t'aime. » « Reviens quand tu veux, prends soin de toi. » Des milliers de messages d'amour. Surtout, je vois que les gens me comprennent. Ça me redonne une force incroyable.

Une énergie, un feu en moi que je n'avais jamais sentis comme ça. Si je n'avais pas eu ce soutien après l'accident, je n'aurais pas voulu me battre pour essayer de tout regagner. Ça peut paraître défaitiste, mais je n'aurais pas voulu faire les choses coûte que coûte. J'avais déjà honte d'avoir imposé ça, d'avoir montré ça de moi. J'aurais sorti mon album comme un dernier projet et je serais retourné discrètement à ma vie d'avant. J'ai été très surpris, vraiment, de recevoir autant de tolérance, de bienveillance et de compréhension. Maintenant, je sais que les gens veulent plus de vérité, et, grâce à eux, je n'ai plus peur de la montrer.

Chapitre 25

Vivre

La réaction du public me libère d'un poids. Pour la première fois depuis bien longtemps dans ma vie, j'ai l'impression d'être aligné avec moi-même. Juste après avoir posté la vidéo, je pars dans le sud de la France. J'ai loué une petite maison près d'Antibes, je profite d'être avec Soraya et Eva. On est début juillet, je me repose et me remets en forme avec la *familia*. Mes parents viennent quelques jours pour mon anniversaire. Pas de grosse fête, évidemment pas d'alcool, je veux tenir ma promesse, celle de revenir sur la bonne route. Je fais mon sport, beaucoup, un paparazzi me prend d'ailleurs en photo au cours de l'été. La presse s'emballe à nouveau, mais cette fois pour dire que je prends soin de moi et que j'ai l'air d'aller bien. C'est vrai. Je me couche tôt, je mange mieux, je profite des miens, de chaque moment passé ensemble. Je redécouvre tous les bonheurs simples.

Ce rythme-là, je le tiens depuis plus d'un an maintenant. Je n'en tire aucun mérite, ça ne me demande pas d'efforts, j'ai arrêté tous mes excès. Même si je me suis vite remis de mon accident, mon corps a été traumatisé par cette histoire, et mon esprit aussi. Souvent, ces derniers mois, je me demande sur la moto qui me ramène chez moi ou quand je m'endors le soir dans mon lit : « Comment ça se fait que je ne suis pas mort ? » J'ai à la fois des souvenirs très précis, des détails, des sensations nettes qui me reviennent comme des flashs, mais j'ai aussi l'impression que rien de tout ça n'a réellement existé, un peu comme si je m'étais réveillé d'un long sommeil et que d'une seconde à l'autre, j'étais passé dans un nouveau fragment de vie, dans un tout nouvel état d'esprit. C'est cette sensation-là, je crois, qui m'a le plus marqué, ce changement en moi, immédiat, et qui ne m'a plus jamais quitté. Une part sombre m'entraînait sur un mauvais chemin, me perdait de plus en plus, et je l'ai éclatée avec cette balle. En traversant mon corps, elle a fait ressortir quelque chose de moi que je n'avais pas libéré avant. Mon esprit s'est ouvert, ma relation au monde a changé. Je n'ai plus le même langage, la même passion pour discuter avec une personne, le même enthousiasme pour faire les choses. Peut-être que c'est pour ça, finalement, que Dieu m'a fait rester, pour porter un message, pour dire aux plus jeunes que les moments de fête ne sont pas toujours ceux qu'on croit, qu'il y a des bonheurs qui sonnent faux. Sortir, voir du monde, c'est très agréable, mais c'est aussi trompeur, parce qu'on pense que ça procure de la joie alors que c'est éphémère. Le meilleur moyen pour savoir si on est bien et vraiment heureux, c'est en étant sobre. Sans artifice autour. J'aimerais partager ça, que mon erreur serve au moins à quelque chose. Certains de mes cousins se sont mis au sport, cette année, grâce à moi. Ils me voient être mieux de jour en jour, plus épanoui, et je suis fier de pouvoir les inspirer différemment ; on a fini par remplacer les sorties en boîte par les salles de gym…

Parfois, quand je regarde l'année qui vient de s'écouler, je me demande si tout ça n'a pas été un mal pour un bien. Je ne dis pas que c'était à faire, non, j'aurais aimé ouvrir les yeux autrement. Je n'en ai pas été capable… Mais ça m'a tellement changé émotionnellement que je ne peux pas seulement regretter. Si j'avais su qui je deviendrais après ça, tout ce que ça m'apporterait de force et d'apaisement, je serais d'accord pour le revivre de cette manière. Ce livre, il prend sens aussi pour cette raison. Je n'aurais peut-être pas ressenti l'envie de raconter ma vie et mon parcours si jeune. Mais ce que j'ai vécu l'année dernière a tout changé : j'avais besoin de tourner toutes ces pages pour comprendre celle qui aurait pu me coûter la vie.

17 mai 2025, le soleil inonde tout. La Soraya et moi, on s'apprête à accueillir notre nouveau bébé. J'ai du mal à réaliser que le bonheur me soit encore possible. Quelques jours plus tôt, j'ai écrit un mot sur un morceau de papier que j'ai gardé avec moi dans ma poche : « Mon fils, je t'aime. Tu peux venir quand tu veux, je vais t'accueillir avec autant de tendresse que je vais pouvoir t'en donner. Que Dieu te bénisse. *T'estimi.* » Il est finalement arrivé deux semaines en avance…

Avec Soraya, on parlait déjà d'avoir un deuxième enfant avant l'accident, on en avait tous les deux très envie. Mais cette histoire nous a encore rapprochés. Elle a vu que je pouvais devenir un homme meilleur, plus fiable, capable de changer. Et j'ai vu combien je pouvais compter sur elle dans ma vie. L'été passé ensemble dans le Sud nous a permis de prendre du temps pour nous, pour notre fille, et de vivre une relation plus apaisée. Notre couple n'a jamais été aussi fort et aussi serein que cette année.

Ce jour de printemps, dans cette chambre d'hôpital, à l'arrivée de notre fils, je fonds en larmes. Je me dis « C'est pas possible que j'aurais pu ne pas vivre ça… » Je remercie le Seigneur de me donner un cadeau si grand, un an après avoir failli tout perdre. Le premier peau-à-peau avec Darel est d'une force incroyable. Je le regarde et je pense à tout ce que je veux lui apprendre. À être une belle personne, à faire attention à ce que le monde lui propose, à voir les chemins qui s'offrent à lui, le choix des amitiés et des rencontres. J'aimerais plus tard qu'il s'entoure de gens passionnés, j'aimerais aussi être une inspiration dans sa vie. Il est encore tout petit, mais je sais combien le temps coule vite. Maintenant qu'Eva est à l'école maternelle, il m'arrive déjà de penser à son avenir, à son avenir professionnel. Une fois que les jeux d'enfant seront passés, les comptines et les coloriages, quelle femme elle voudra être. Sa mère a fait des études, j'aimerais que notre fille en fasse aussi. Je la rêve médecin, c'est si beau de pouvoir soigner des gens ! Je lui souhaite surtout d'être indépendante, je mettrai tout en œuvre pour qu'elle puisse faire ses propres choix et les mener à bien. Je ne veux pas être un père lourd pour mes enfants, de ceux qui imposent leurs directions, et je veux être moins strict que le padre. Mais, à mon fils, à ma fille, je veux moi aussi transmettre mes valeurs et mes traditions. Le travail, quel qu'il soit, et l'importance d'être une bonne personne.

Et puis, bien sûr, leur donner le goût du voyage… Je suis gitan, fier de l'être, la *campine* fait partie de ma vie et fera partie de la leur tant qu'ils seront près de moi. On a emmené Eva très jeune en caravane, on fera pareil avec son frère. Je ne veux pas les entourer de trop de luxe, Soraya n'y tient pas non plus. Et je sais combien partir en mission est un terrain de jeu formidable quand on est enfant. Je veux qu'ils connaissent ça, l'un comme l'autre, la vie au grand air. Le ciel compte plus d'étoiles que n'importe quel palace… En devenant une famille, je sais pourtant qu'il viendra le temps où l'on partira moins, en tout cas moins longtemps. Leur offrir un avenir passe évidemment par la scolarité. Je le sais mieux que d'autres, l'école ne devra pas être manquée. Quand Eva entrera au CP, d'ici deux ans, il faudra inventer un nouveau rythme, s'adapter ensemble, attendre la fin de la classe pour prendre la route.

Je reste un bon moment là, à bercer mon petit dans mes bras et à penser à tout ça. Je le regarde, je sens un trop-plein d'amour, une sensation d'accomplissement. Je pense à l'avenir de mes enfants, mais ce sont eux qui sont le mien… Le dernier morceau de stress qui me restait de l'année passée me quitte à cet instant.

Deux jours après sa naissance, Eva vient rencontrer son frère à la maternité. Moi, je suis descendu avec le petit pour faire quelques papiers. Je n'ai jamais autant géré l'administratif que depuis ces derniers mois. Ça aussi, c'est très nouveau dans ma vie ! Je me déchargeais de beaucoup de choses, auprès d'Alban ou d'Hakim, surtout. J'apprends maintenant à gérer mes propres affaires. Eva profite de retrouver sa mère, elles nous attendent toutes les deux dans la chambre. Quand je rentre avec Darel dans les bras, ma fille lui fait son plus grand sourire. Elle dit tout de suite « Moi aussi, je veux le porter ! » Elle s'assoit sur le lit et lui fait des bisous sur le front. Puis elle se met à chanter une chanson. Pas n'importe laquelle, c'est la berceuse que je lui chantais quand elle était toute petite. La chanson de Dumbo, j'avais remplacé « maman » par « papa », et je la lui chantais pour l'endormir, ses tout premiers mois.

Mon bébé si joli,
Papa veille, mon petit.
Ne crains rien, sèche tes pleurs.
Viens sur mon cœur, mon tout-petit…

Ça nous met les larmes à sa mère et moi. Je ne savais même pas qu'Eva connaissait les paroles. On se regarde, on est enfin réunis tous les quatre, on est une famille.

Enfin, après cinq jours à l'hôpital, on rentre à la *casa*. Avec la mamà, mes sœurs ont fait une très belle décoration pour l'arrivée du bébé. Il y a plein de fleurs partout dans notre salon et des fruits magnifiques qu'elles ont soigneusement coupés et présentés pour l'occasion. En découvrant Darel, elles sont toutes bouleversées, « Regarde Kendji, la vie que tu as aujourd'hui, regarde ce que tu nous ramènes ! » Il est vrai qu'après l'année qui vient de s'écouler, la naissance de mon fils a des airs de miracle. Et comme les belles choses n'arrivent jamais seules, sa venue au monde a aussi permis une rencontre que je n'imaginais plus. Ça s'est passé juste au moment où je terminais ce livre.

Le 21 juin dernier, jour de la fête de la musique, la mère de Soraya et la mienne se sont enfin rencontrées. Je n'étais pas à Paris à ce moment-là, j'étais sur scène ; c'est sans doute mieux comme ça, j'aurais été un peu trop tendu ! La mère de Soraya était arrivée la veille, pour passer quelques jours à la *casa*, profiter de sa fille, d'Eva et du petit. Il se trouve que le même week-end, mes parents avaient prévu de garer la *campine* sur notre terrain. De les savoir si proches l'une de l'autre, à partager le même amour pour notre fille et notre fils, ça a décidé Soraya à appeler ma mère le samedi après-midi, spontanément : « Carmen, ça te dirait de venir prendre le café à la maison et que je te présente ma maman ? » La mamà a dit oui tout de suite. Cinq minutes après, elle était dans notre salon. Soraya m'a raconté qu'elle était un peu nerveuse au moment d'ouvrir la porte. Elle s'est demandé si elle avait bien fait de proposer ça sur un coup de tête. Dix ans qu'on est ensemble, elle et moi, on a eu le temps de se faire une montagne de leurs deux caractères ! Mais, contre toute attente, par cette après-midi lourde de soleil, nos mères n'ont échangé qu'une profonde émotion. La mienne a souri, et celle de Soraya a simplement dit « Enfin… »

Cette année m'a changé beaucoup, m'a apporté tellement. Je suis heureux de retrouver le bonheur dans le regard de mes plus proches. Le padre lui aussi est très ému de me voir devenir père une deuxième fois. Quand il a rencontré Darel, quelques jours à peine après sa naissance, il a dit : « T'imagines, mon fils, il a eu un garçon ! C'est incroyable comme il est beau. J'ose pas le prendre dans les bras parce qu'il est encore tout petit… Mais il me manque alors qu'il est à côté de moi. » Évidemment, ces mots, c'est ma sœur Laetitia qui me les a rapportés. Face à moi, mon père s'est contenté de me serrer l'épaule et de me faire son mouvement de tête pour me dire sa fierté.

Certaines choses changent, d'autres pas. Et c'est très bien comme ça.

Épilogue

Pour la première fois de ma vie, depuis un an, je me demande à quoi ressembleront mes dix prochaines années. À ce qu'elles pourraient être, en tout cas. Je m'imagine tenir la main de ma fille, et, de l'autre, celle de mon fils. Je m'imagine auprès de Soraya, entouré des miens, à retrouver la *campine* et la route dès que l'occasion se présente. Je m'imagine sur scène, bien sûr, avec ma guitare et plein de nouvelles chansons. J'attends déjà ma prochaine tournée avec impatience, celle de 2026. Je ne crois pas que le trac aura totalement disparu, mais depuis des mois, le partage de la musique bat plus fort que jamais.

En finissant ces lignes, une question me revient : est-ce que je suis fier de moi ? Honnêtement, je ne sais pas. Je sais que les autres le sont, « *Michto moré* », disent toujours les cousins. Moi, j'ai passé des années à penser que si les gens ne m'avaient pas choisi un soir de mai 2014, je serais resté dans ma vie simple, à élaguer des arbres avec mon père, à gratter les cordes près du feu, à partir sur le voyage en famille. Devenir connu n'a jamais été mon but. Pourtant, en reprenant toute l'histoire, je comprends que c'est peut-être ça qui m'a sauvé. J'étais sur un mauvais chemin quand *The Voice* m'a embarqué. Le même que j'ai voulu poursuivre quand ma vie d'artiste a commencé. J'ai longtemps compté ce que la notoriété m'avait pris sans vraiment mesurer tout ce qu'elle m'avait donné. Quand je regarde dix ans en arrière, je pense au public qui m'a mis là et je me dis « *Mamà*… c'est trop beau tout ce qu'on a fait ensemble… » Ça aurait été tellement dommage de ne pas vivre ça, de refuser le destin. De refuser la beauté de ce destin. J'ai mis beaucoup de temps à accepter cette vie, à accepter cette place. Sans doute parce que je n'ai jamais eu à la choisir. Il m'a fallu grandir et aller au bout de mes erreurs, il m'a fallu craindre de la perdre pour ressentir combien je l'aimais.

Aujourd'hui, je suis prêt à en profiter.

Table

Cet ouvrage a été mis en pages par

<pixellence>

CET OUVRAGE
A ÉTÉ ACHEVÉ D'IMPRIMER
SUR ROTO-PAGE
PAR L'IMPRIMERIE FLOCH
À MAYENNE EN SEPTEMBRE 2025

Les Éditions Flammarion sont investies dans une démarche active pour l'empreinte environnementale de leurs parutions. Ainsi, le livre que vous tenez entre vos mains a été imprimé en France sur des papiers issus de forêts gérées durablement, par un imprimeur engagé dans la protection de l'environnement.

N° d'édition : 659116-0. N° d'impression : 107640
Dépôt légal : octobre 2025
Imprimé en France